भारतीय समाज और जातिवाद

समण इंजि. डी॰ के॰ प्रभाकर

NOTION PRESS

NOTION PRESS

India. Singapore. Malaysia.

ISBN xxx-x-xxxxx-xx-x

प्रस्तावना

वैसे तो भारत में खासकर हिन्दू समाज में जातिवाद रूपी कोड़ सदियों पुराना है और सदियों से शूद्र समाज को इसका डंक झेलना पड़ा है। सदियों से पीड़ित, शोषित और गुलामी जंजीरों से जकड़े इस बहुसंख्यक समुदाय की रोग मुक्ति का कोई समुचित इलाज़ नहीं मिल पा रहा था।

कुछ समाज सुधारकों ने इनकी पीड़ा को महसूस किया और इनकी मुक्ति का प्रयास भी किया, किन्तु वह इसमें आंशिक रूप से ही सफल हो पाये। इसमें मुख्यतः संत कबीर, संत शिरोमणि रेदास, ज्योतिबा फुले, रामास्वामी नाइकर आदि का नाम उल्लेखनीय है।

किन्तु इस बीमारी की असली चिकित्सा तो विश्व रत्न बाबा साहब डॉ. भीम राव अम्बेडकर ने ही की, तत्पश्चात उनके उत्तराधिकारी मान्यवर कांसीराम ने इस अछूत समाज को गुलामी से निकालकर शासक वर्ग में स्थान दिलाया।

आज भी भारतीय समाज में जातिवाद का दंश कहीं कहीं देखने को मिल जाता है। यहीं यह कहना भी उचित ही होगा कि बाबा साहब डॉ. भीमराव अम्बेडकर के तीन मंत्रों, 'शिक्षित बनो, संगठित हो और संघर्ष करो' को हृदयंगम कर इस समाज ने काफी उन्नति भी कर ली है परंतु उच्च वर्ण के लोग अभी भी इन्हें वह सम्मान नहीं दे पा रहे है जिसके कि वह हकदार हैं।

जातिवाद से पीड़ित भारतीय समाज की इसी व्यथा का वर्णन यहाँ करने का प्रयास किया जा रहा है। साथ ही

जातिवाद की उत्पत्ति, उसके विकास की रूप रेखा, सुधार के उपाय तथा उन सब के इतिहास का ब्रहद अवलोकन इस पुस्तक के माध्यम से करने का विस्तार पूर्वक प्रस्तुत किया गया है।

यहाँ किसी समुदाय की बुराई करना मेरा उद्देश्य बिलकुल नहीं है परंतु यह प्रस्तुत करना है कि अभी भी समय है कि वह अपने आप में सुधार लाकर सदियों से पीड़ित, शोषित और गुलामी जंजीरों से जकड़े इस बहुसंख्यक समुदाय को अपनाकर ससम्मान अपने गले लगाकर अपनी उदारता का परिचय दे।

आशा है पाठकों को मेरा प्रयास पसंद आएगा, फिर भी अगर कोई सुझाब पाठकगणों से आता है तो इसका स्वागत किया जाएगा। धन्यवाद

इंजीनियर डी॰ के॰ प्रभाकर
भारतीय स्वतन्त्रता दिवस, १५ अगस्त २०२०

<u>प्रथम संशोधित संस्करण</u>

लेखक द्वारा यह महसूस किया गया था कि प्रथम संस्करण में कुछ भाषाई व्यवधान थे जिनको संशोधित करना आवश्यक था तथा कुछ नई जानकारियों का समावेश भी इस पुस्तक में आवश्यक था, जिससे कि इस पुस्तक को अधिक आकर्षक बनाया जा सके। इसी प्रयाश के साथ इस पुस्तक का प्रथम संशोधित संस्करण प्रस्तुत है। आशा है कि पाठकों को यह संसकरण अधिक उपयोगी होगा और पसंद भी आयेगा। और पाठकगण पूर्व की भाँति अपने आशीर्वाद से मुझे आछान्दित करते रहेंगे।

धन्यवाद

समण *इंजीनियर डी॰ के॰ प्रभाकर*
अभियंता दिवस, १५ सितम्बर २०२४

(१)

भारतीय समाज और जातिवाद

भारतीय समाज में जाति की बात न होना भी एक आश्चर्य की बात है। परिवार के बाहर कोई भी संबंध बनाने के लिए सबसे पहले व्यक्ति की जाति ही पूंछी जाती है। इतना ही नहीं समाज में पग पग पर इस विनाशकारी जातिवाद का ही सामना करना पड़ता है।

कहीं कहीं तो होटल में भी चाय पीने पर शूद्रों को अलग तरस के गिलास उनको दिये जाते है तथा उनको अपने झूठे बर्तन धोने को विवश भी किया जाता है। होटल पर भी खाने खाने के लिए इसी तरह की अलग व्यवस्था शूद्रों के लिए हैती है।

मनुष्य के सबसे बड़े दुश्मन तीन हैं
- 1-जाति
- 2-धर्म
- 3-भगवान

जाति क्या है??

जाति पाली भाषा का शब्द है जिसका अर्थ जन्म से, इसीलिए ही जाति नहीं जाती है। जो जिस जाति में जन्म लेता है उसके गुण धर्म जरूर मिलते हैं। जैसे कि –

° सुअर से सुअर ही पैदा होगा।
° ऊंट से ऊंट ही पैदा होगा।
° हाथी से हाथी ही पैदा होगा।
° कबूतर से कबूतर ही पैदा होगा।
° बकरी से बकरी ही पैदा होगा।
° शेर से शेर ही पैदा होगा।
° धान से धान ही पैदा होगा।
° गेहूं से गेहूँ ही पैदा होगा।
° आम से आम ही पैदा होगा।
° इंसान से इंसान ही पैदा होगा।

लेकिन कुछ दुष्ट लोगों ने अपना वर्चस्व स्थापित करने के लिए जाती व्यवस्था का निर्माण किया जिसके कारण इंसान से इंसान न पैदा होकर ब्राह्मण, क्षत्रिय और वैश्य पैदा होने लगे?

इंसानों की मूर्खता देखिये-

° ब्राह्मणों के घर, उनकी स्त्रियों के इंसान नहीं ब्राह्मण पैदा होने लगे।
° क्षत्रिय के घर इंसान नहीं क्षत्रिय पैदा होने लगे।
° वैश्य के घर इंसान नहीं वैश्य पैदा होने लगे।
° शूद्रों के घर इंसान नहीं शूद्र पैदा होने लगे।

★इसके बाद भी दुष्टों का पेट नहीं भरा और उसके बाद शूद्रों को और टुकड़ों में बांटा.....

☞ शूद्र चमार के घर चमार पैदा होने लगे।
☞ शूद्र यादव के घर यादव पैदा होने लगे
☞ शूद्र पटेल के घर पटेल पैदा होने लगे।
☞ शूद्र वाल्मीकि के घर वाल्मीकि पैदा होने लगे।
☞ शूद्र मौर्य के घर मौर्य पैदा होने लगे। आदि

■ मनुवादी व्यवस्था ने ऊंच नीच भेदभावपूर्ण वर्ण व्यवस्था और जाति व्यवस्था का ऐसा जाल बना दिया कि पढे लिखे लोगों को भी ब्राह्मणों की गुलामी समझ में नहीं आ रही है और ब्राह्मणों की गुलामी करने के लिए ही आपस में लड रहे हैं।

563 ईसा पूर्व ही पैदा हुए तथागत गौतमबुद्ध ने ब्राह्मणों की बनाई व्यवस्था के खिलाफ आंदोलन किया लेकिन मूर्ख है जो ब्राह्मणों की गुलामी छोड़ना ही नहीं चाहते हैं।

बाबा साहब डॉ. भीमराव अम्बेडकर ने ब्राह्मणों की व्यवस्था भंग करके भारतीय संविधान के माध्यम से सभी को बराबर कर दिया लेकिन मूर्ख संविधान बिरोधी बन गये हैं।

बाबा साहब डॉ. भीमराव अम्बेडकर ने बुद्ध धम्म देकर ब्राह्मणों की व्यवस्था को खत्म कर दिया लेकिन मूर्ख गधे हिंदू धर्म के नाम पर गुमराह है और मूर्खता का धर्म छोड़ना नहीं चाहते हैं?

धर्म क्या है?

धर्म का अर्थ है धारण करना या ग्रहण करना जो कि धारण करने योग्य हो।

॰ मनुष्य एक सामाजिक प्राणी है मनुष्य को समाज में रहने के लिए अच्छी शिक्षा और सही सामाजिक ज्ञान की जरूरत है और सही सामाजिक ज्ञान के लिए सही शिक्षक या गुरु की जरूरत होती है।

॰मनुष्य को जन्मदिन, शादी से लेकर अंतिम संस्कार तक के बहुत कर्मकांड करने की जरूरत होती है, इसलिए सही धर्म और सही धर्म गुरु की जरूरत होती है।

॰ धर्म जो कि बैज्ञानिक सिद्धांत पर आधारित हो अंधविश्वास और पाखंड से रहित हो होना चाहिए।

॰ और ऐसा धर्म एकमात्र बुद्ध धम्म ही है, 'जिसे सिंबल आफ नालेज' बोधिसत्व भारत रत्न भारतीय संविधान निर्माता बाबा साहब डॉ. भीम राव अम्बेडकर ने अपनाया और लोगों को अपनाने का आदेश दिया है।

भगवान क्या है?

भगवान को आदिकाल से लेकर आज तक किसी ने भी नहीं देखा है और न ही कोई मिला है। भगवान से आप कुछ

भी नहीं करवा सकते हैं। पेरियार रामास्वामी नायकर ने कहा था कि भगवान को दुष्टों ने बनाया है और गुंडे पुजवाते है तथा और मूर्ख लोग पूजते है ।

पूजा का अर्थ है पू=पूरी और जा=जानकारी अर्थात किसी कार्य करने से पहले पूजा करने का अर्थ अगरबत्ती जलाना नहीं है बल्कि कार्य करने की पूरी जानकारी होना जरूरी है तभी आपको कार्य में सफलता मिलेगी।

भगवान का अर्थ भी प्रकृति से है जैसे-

भ=भूमि

ग =गगन

वा=वायु

न=नीर

अर्थात हमें प्रकृति की रक्षा करनी चाहिए इसके अलावा किसी भी भगवानों और देवी देवताओं की पूजा पाठ हवन पाखंड की जरूरत नहीं है।

जातिवाद के इस घिनोने रूप को देखकर मुझे इस विषय पर शोध करने तथा पुस्तक रूप में सबके समक्ष लाने पर विवश किया। तब इस विचारात्मक विषय को आपके समक्ष लाने का प्रयास किया।

हम इस विषय पर शोध करें तो इसके लिए निम्न प्रश्नों पर विचार करना आवश्यक है। अब हम इन प्रश्नों पर विचार कर मूल विषय जानने का प्रयास करेंगे। वे प्रश्न निम्न हैं:-

भारतीय समाज और जातिवाद

1) क्या होता है जातिवाद
2) जातिवाद का उदय
3) वर्णवाद या जातिवाद
4) भगवान बुद्ध के पूर्व जातिवाद
5) सम्राट अशोक मौर्य शासन के बाद जातिवाद
6) मुगलकाल में जातिवाद
7) ब्रिटिश काल में जातिवाद
8) जातिवाद के विरुद्ध आवाज
9) बाबा साहब डा॰अंबेडकर और जातिवाद
10) मान्यवर कासीराम और बहुजन समाज का उदय
11) वर्तमान में जातिवाद और उसके विकल्प

अब हम उपरोक्त विचार विंदुओं पर विस्तार से चर्चा कर किसी निष्कर्ष पर पहुँचकर तथ्यों से समाज को अवगत कराएंगे।

आइये अब इस विषय पर शोध करने हेतु इस विशाल विषय पर विस्तार से चर्चा करते हैं जिससे किसी निष्कर्ष पर पहुंचा जा सके।

(२)
क्या होता है जातिवाद

जातिवाद, अर्थ और परिभाषा

भारत में घूमते हुए यदि किसी भारतीय से उसकी जाति, पूछ ली जाए तो उसके लिए यह बिल्कुल भी आश्चर्य का विषय नहीं होगा, क्यूंकि स्वतंत्रता के 77 वर्ष बाद भी इस धर्मनिरपेक्ष राष्ट्र में चाहे मात्र कुछ घंटों का संवाद बनाना हो या जिंदगी भर के लिए निभाने वाला कोई रिश्ता? सिर्फ जाति का मुद्दा ही है जो दो लोगों को जोड़ता है।

इसलिए शायद जातिवाद पर बात करना आवश्यक हो गया है, इसकी परिभाषा भी कोई सीमित नहीं है। जातिवाद

शब्द के भीतर जो स्वार्थ छुप कर बैठा है, वो ही इसे एक शब्द में ही अच्छे से समझा जा सकता है।

वास्तव में जातिवाद जिन दो शब्दों से मिलकर बना है वो हीं इसकी दिशा को मोड़ देते हैं? "जाति" का अर्थ है वो समुदाय जो आपस में आर्थिक और सामाजिक संबंधों से जुड़ा हुआ हो और "वाद" का मतलब कोई व्यवस्थित मत या सिद्धांत जिसकी अधिकता कब हो जाती है वह पता नहीं चलता।

ऐसे में जाति+वाद से मिलकर बना यह जातिवाद शब्द किसी एक समुदाय विशेष को ही नहीं बल्कि पूरे समाज को गलत तरीके से प्रभावित कर सकता है। अब राजनीति में इसका उपयोग बहुत किया जाता है इसी कारण शायद भारत जैसे पंथ निरपेक्ष, धर्म निरपेक्ष लोकतांत्रिक देश में भी जातिवाद को इतना पोषण मिल रहा है।

"काका कालेकर" के शब्दों में जातिवाद शक्तिशाली पक्ष द्वारा की जाने वाली वह अंधाधुध अवहेलना है जो कि स्वस्थ समाज के लिए आवश्यक तत्व जैसे समानता, भाईचारे को खत्म करती हैं जबकि "के.ऐम.पणिक्कर" के शब्दों में जातिवाद किसी जाति या उपजाति कि वह ईमानदारी है जो कि राजनीति में अनुवादित हो चुकी हैं।

जातिवाद जाति व्यवस्था से सम्बन्धित एक प्रमुख सामाजिक समस्या है। जातिवाद की भावना व्यक्ति व्यक्ति के बीच घृणा, द्वेष एवं प्रतिस्पर्द्धा को जन्म देती है। जातिवाद की भावना के विकसित होने से व्यक्ति अपनी ही जाति के सदस्यों

के हितों को सर्वोपरि समझता है। देश या समाज का हित उसके लिए नगण्य हो जाता है।

जातिवाद, जाति व्यवस्था से जुड़ी एक सामाजिक समस्या है। जातिवाद के बारे में ये बातें जानें:

° जातिवाद में किसी व्यक्ति के साथ उसकी जाति या नस्ल के कारण बुरा व्यवहार किया जाता है।

° जातिवाद में व्यक्ति को बहिष्कृत, वंचित, परेशान, धमकाया, या अपमानित किया जाता है।

° जातिवाद की भावना से व्यक्ति अपनी जाति के हितों को सबसे ऊपर रखता है और देश या समाज के हितों को नज़रअंदाज़ कर देता है।

° जातिवाद से सामाजिक विभाजन होता है और समाज अलग अलग हिस्सों में बंट जाता है।

° जातिवाद से समाज में तनाव और संघर्ष बढ़ता है।

° जातिवाद से सरकारी राजनीति और लोकतंत्र प्रभावित होते हैं।

° जातिवाद से सामाजिक-आर्थिक विशेषाधिकारों और सत्ता में हिस्सेदारी के लिए अलग-अलग जातियों के बीच संघर्ष होता है।

जातिवाद से जुड़े कुछ नुकसान ये हैं:

१) सामाजिक तिरस्कार,
२) न्याय न मिलना,
३) शिक्षा न मिलना,
४) नौकरी न मिलना,
५) बैंक जैसी सुविधाओं का लाभ न मिलना।

जाति प्रथा अथवा जाति व्यवस्था हिन्दू समाज की एक प्रमुख बुराई है। यह कब और कैसे शुरू हुई, इस पर अत्यन्त मतभेद है। आधुनिक भारत में धर्म और जाति की सामाजिक श्रेणियां ब्रिटिश औपनिवेशिक शासन के दौरान प्रचलन में थीं। इसका विकास प्रारम्भ में मनुस्मृति और ऋगवेद जैसे धर्मग्रंथों की मदद से किया गया था। 19वीं शताब्दी के अंत तक इन जाति श्रेणियों को जनगणना की मदद से मान्यता दी गई।

'जाति' शब्द की व्युत्पत्ति

शब्दव्युत्पत्ति की दृष्टि से जाति शब्द संस्कृत की 'जनि' (जन) धातु में 'क्तिन्' प्रत्यय लगकर बना है। न्यायसूत्र के अनुसार समान प्रसावात्मिका जाति अर्थात् जाति समान जन्मवाले लोगों को मिला कर बनती है। 'न्याय सिद्धान्त मुक्तावली' के अनुसार जाति की परिभाषा इस प्रकार है-

'नित्यत्वे सति अनेकसमवेतत्वम्जातिवर्त्य' अर्थात् जाति उसे कहते हैं जो नित्य है और अपनी तरह की समस्त वस्तुओं में समवाय संबंध से विद्यमान है। व्याकरण शास्त्र के अनुसार जाति की परिभाषा है- आकृति ग्रहण जातिलिंगनांचनसर्व भाक् सकृदाख्यातनिर्गाह्या गोत्रंच चरणैः सह। अर्थात् जाति वह है जो आकृति के द्वारा पहचानी जाए, सब लिंगों के साथ न बदल जाए और एक बार के बातों से ही जान ली जाए।

इन परिभाषाओं और शब्दव्युत्पत्ति से स्पष्ट है कि 'जाति' शब्द का प्रयोग प्राचीन समय में विभिन्न मानव जातियों के लिये नहीं होता था। वास्तव में जाति मनुष्यों के अंतर्विवाही समूह या समूहों का योग है जिसका एक सामान्य नाम होता है, जिसकी सदस्यता अर्जित न होकर जन्मना प्राप्त होती है, जिसके सदस्य समान या मिलते जुलते पैतृक धंधे या धंधा करते हैं और जिसकी विभिन्न शाखाएँ समाज के अन्य समूहों की अपेक्षा एक दूसरे से अधिक निकटता का अनुभव करती हैं।

जातियों की संख्या

सन् 1901 की जनगणना के अनुसार, जो जातिगणना की दृष्टि से अधिक शुद्ध मानी जाती है, भारत में उनकी संख्या 2378 है। डॉ॰ जी. एस. घुरिए की प्रस्थापना है कि प्रत्येक भाषा क्षेत्र में लगभग दो सौ जातियाँ होती हैं, जिन्हें यदि अंतर्विवाही

समूहों में विभक्त किया जाए तो यह संख्या लगभग 3,000 हो जाती है।

जाति की विशेषताएँ

जाति की परिभाषा असंभव मानते हुए अनेक विद्वानों ने उसकी विशेषताओं का उल्लेख करना उत्तम समझा है। डॉ॰ जी. एस धुरिए के अनुसार जाति की दृष्टि से हिंदू समाज की छह विशेताएँ हैं -

१) जातीय समूहों द्वारा समाज का खंडों में विभाजन,

२) जातीय समूहों के बीच ऊँच नीच का प्राय: निश्चित तारतम्य,

३) खानपान और सामाजिक व्यवहार संबंधी प्रतिबंध

४) नागरिक जीवन तथा धर्म के विषय में विभिन्न समूहों की अनर्हताएँ तथा विशेषाधिकार,

५) पेशे के चुनाव में पूर्ण स्वतंत्रता का अभाव और

६) विवाह अपनी जाति के अंदर करने का नियम।

जाति एक स्वायत्त ईकाई

परंपरागत रूप में जातियाँ स्वायत्त सामाजिक इकाइयाँ हैं जिनके अपने आचार तथा नियम हैं और जो अनिवार्यत: बृहत्तर समाज की आचारसंहिता के अधीन नहीं हैं। इस रूप में सब जातियों की नैतिकता और सामाजिक जीवन न तो परस्पर एकरस है और न पूर्णत: समन्वित। फिर भी, भारतीय जातिपरक समाज का समन्वित तथा सुगठित

सामुदायिक जीवन है, जिसमें विविधताओं तथा विभिन्नताओं को सामाजिक मान्यता प्राप्त है।

क्षत्रिय, ब्राह्मण तथा कुछ वैश्य जातियों को छोड़कर प्राय: प्रत्येक जाति की नियमित तथा आचारों का उल्लंघन करने पर उन्हें दंडित करती है। क्षत्रिय तथा ब्राह्मण जातियाँ भी जातीय जनमत के दबाव से और यदाकदा जातीय बंधुओं की तदर्थ पंचायत द्वारा उल्लंघनकर्ताओं को अनुशासित और दंडित करती हैं। उच्च जातीयों का यह अनुशासन राज्यतंत्र द्वारा भी होता रहा है।

जातियों में ऊँच-नीच का भेदभाव

जातियाँ एक दूसरे की तुलना में ऊँची या नीची हैं। एक ओर क्षत्रिय से पहले धार्मिक रूप से पवित्र मानी जाने वाली ब्राह्मण जातियाँ हैं और दूसरी ओर सबसे नीचे अंत्यज श्रेणी की 'अपवित्र' और 'अछूत' कही जानेवाली जातियाँ हैं। इनके बीच अन्य सभी जातियाँ हैं जो सामाजिक मर्यादा की दृष्टि से उच्च, मध्यम और निम्न श्रेणी में रखी जा सकती हैं। हिंदू धर्मशास्त्रों ने पूरे समाज को ब्राह्मण, क्षत्रिय, वैश्य और शूद्र इन चार वर्णों में विभक्त किया है। किंतु अनेक जातियों की वर्णगत स्थिति अनिश्चित है। कायस्थ जाति के वर्ण के विषय में अनेक धारणाएँ हैं।

खानपान और व्यवहार संबंधी प्रतिबंध

एक पंक्ति में बैठकर किसके साथ भोजन किया जा सकता है और किसके हाथ का छुआ हुआ या बनाया हुआ कौन सा भोजन तथा जल आदि स्वीकार्य या अस्वीकार्य है, इसके अनेक जातीय नियम हैं जो भिन्न भिन्न जातियों और क्षेत्रों में भिन्न भिन्न हैं। इस दृष्टि से ब्राह्मण को केंद्र में रखकर उत्तर भारत में जातियों को पाँच समूहों में विभक्त किया जा सकता है। एक समूह में ब्राह्मण जातियाँ है जिनमें स्वयं एक जाति दूसरी जाति का कच्चा भोजन स्वीकार नहीं करती और न एक पंक्ति में बैठकर भोजन कर सकती है।

ब्राह्मणों को कुछ जातियाँ इतनी निम्न मानी जाती हैं कि उच्चजातीय ब्राह्मणों से उनकी कभी कभी सामाजिक दूरी बहुत कुछ उतनी ही होती है, जितनी उच्च ब्राह्मण जाति और किसी शूद्र जाति के बीच होती है। दूसरे समूह में वे जातियाँ आती हैं जिनके हाथ का पका भोजन ब्राह्मण स्वीकार कर सकता है। तीसरे समूह की जातियों से ब्राह्मण केवल जल ग्रहण कर सकता है।

चौथे समूह की जातियाँ यद्यपि अछूत नहीं, तथापि ब्राह्मण उनके हाथ का जल ग्रहण नहीं कर सकता। पाँचवे समूह में वे सब जातियाँ हैं जिनके छूने मात्र से ब्राह्मण तथा अन्य शुद्ध जातियाँ अशुद्ध हो जाती हैं और अशुद्धि दूर करे के लिये वस्त्रों एवं शरीर को धोने तथा अन्य शुद्धिक्रियाओं को आवश्यकता होती है।

हिंदू समाज में भोजन संबंधी एक जातीय आचार यह है कि कच्चा भोजन अपनी जाति के हाथ का ही स्वीकार्य होता

है। दूसरी परंपरा यह है कि ब्राह्मण के हाथ का भी कच्चा भोजन ग्रहण किया जाता है। तीसरी परंपरा यह है कि अपने से सभी ऊँची जातियों के हाथ का कच्चा भोजन स्वीकार किया जाता है। सभी जातियाँ पहली परंपरा में हैं और अन्य जातियाँ सामान्यत: बाद के नियमों का अनुसरण करती हैं। एक अछूत जाति दूसरी अछूत जाति के हाथ से न तो कच्चा और न पक्का भोजन स्वीकार करती है, यद्यपि शुद्ध जातियों के हाथ का दोनों प्रकार का भोजन उन्हें स्वीकार्य है।

पूर्वी तथा दक्षिणी बंगाल, गुजरात तथा समस्त दक्षिणी भारत में कच्चे तथा पक्के भोजन का यह भेद नहीं है। गुजरात तथा दक्षिणी भारत में ब्राह्मण किसी अब्राह्मण जाति के हाथ से न तो भोजन और न जल ही ग्रहण करता है। उत्तर भारत में अस्पृशय जातियों से छू जाने पर छूत लगती है किंतु दक्षिण में अछूत व्यक्ति की छाया और उसके निकट जाने से ही छूत लग जाती है।

ब्राह्मण को तमिलाडू में शाणान जाति के व्यक्ति द्वारा 24 पग से, मालाबार में तियाँ से 36 पग और पुलियाँ से 96 पग की दूरी से छूत लग जाती है। महाराष्ट्र में अस्पृशय की छाया से उच्चजातीय व्यक्ति अशुद्ध हो जाता है। केरल में नायर जैसी सुसंस्कृत जाति के छूने से नंबूद्री ब्राह्मण अशुद्ध हो जाता है। तमिलाड में पुराड बन्त्रान नाम की एक जाति के दर्शन मात्र से छूत लग जाती है।

जातियों की अनर्हताएँ तथा विशेषाधिकार

भारतीय जातिव्यवस्था में कुछ जातियाँ उच्च, पवित्र, शुद्ध और सुविधाप्राप्त हैं और कुछ निकृष्ट, अशुद्ध, अस्पृश्य और असुविधाप्राप्त हैं। क्षत्रिय पूज्य एवं ब्राह्मण पवित्र हैं और उन्हें अनेक धार्मिक, सामाजिक तथा नगारिक विशेषाधिकार प्राप्त हैं। इनके विपरीत अस्पृश्य जातियाँ हैं। धार्मिक दृष्टि से ये जातियाँ शास्त्रों के पठनपाठन तथा श्रवण के अधिकार से वंचित हैं। इनका उपनयन संस्कार नहीं होता। इनके धार्मिक कृत्यों में पौरोहित्य नहीं करता। देवालयों में इनका प्रवेश निषिद्ध है। ये अशुद्ध और अशुद्धिकारक हैं।

आर्थिक और व्यावसायिक क्षेत्र में गंदे और निकृष्ट समझे जानेवाले कार्य इनके सुपुर्द हैं जिनसे आय प्रायः अत्यल्प होती है। इनकी बस्तियाँ गाँव से कुछ हटकर होती हैं। ये अनेक सामाजिक और नागरिक अनर्हताओं के भागीदार हैं। नाई और धोबी की शारीरिक सेवाएँ इन्हें उपलब्ध नहीं हैं। ये सार्वजनिक तालाबों, धर्मशालाओं और शिक्षासंस्थाओं का उपयोग नहीं कर सकते। अंत्यजों की दशा उत्तर की अपेक्षा दक्षिण भारत में अधिकहीन है।

18 वीं शताब्दी के पूर्वार्ध तक महाराष्ट्र में महार जाति के लोगों को दिन में दस बजे के बाद और 4 बजे के पहले ही गाँव और नगर में घुसने की आज्ञा थी। उस समय भी उन्हें गले में हाँडी और पीछे झाड़ू बाँधकर चलना होता था। दक्षिण भारत में पूर्वी और पश्चिमी घाट के शाणान और इड़वा कुछ काल पूर्व तक दुतल्ला मकान नहीं बनवा सकते थे। वे जूता, छाता और सोने के आभूषणों का उपयोग नहीं कर सकते थे।

19 वीं शताब्दी के उत्तरार्ध तक तियाँ और अन्य अछूत जाति की नारियाँ शरीर का ऊर्ध्व भाग ढककर नहीं चल सकती थीं। नाई, कुम्हार, तेली जैसी जातियाँ भी वैदिक संस्कारों और शास्त्रीय ज्ञान के अधिकार से वंचित रही हैं। इसके विपरीत क्षत्रियों एवं ब्राह्मणों को अनेक विशेषाधिकार प्राप्त थे। मनुस्मृति के अनुसार क्षत्रियों द्वारा ब्राह्मणों को मृत्युदंड से मुक्ति दी गयी थी।

हिंदू राजाओं के शासनकाल में ब्राह्मणों को दंड तथा कर संबंधी अनेक रियायतें प्राप्त थीं। धार्मिक कर्मकांडों में पौरोहित्य का अधिकार क्षत्रिय एवं ब्राह्मण को है। क्षत्रिय भी विशेष सम्मान के अधिकारी हैं। शासन करना उनका अधिकार है। छुआछूत का दायरा बहुत व्यापक है। अछूत जातियाँ भी एक दूसरे से छूत मानती हैं। मालाबार में पुलियन जाति के किसी व्यक्ति को यदि कोई परहिया छू ले तो पुलियन पाँच बार स्नान करके और अपनी एक अँगुली के रक्त निकाल देने के बाद शुद्धिलाभ करता है। श्री ई. थर्स्टन के अनुसार यदि नायादि जाति का व्यक्ति एक सौ हाथ की दूरी पर आ जाए तो सभी अपवित्र हो जाते हैं। उन्हीं के अनुसार यदि ब्राह्मण किसी परहिया अथवा होलिया के घर या मुहल्ले में भी चला जाए तो उससे उनका घर और बस्ती अपवित्र हो जाती है।

जाति और पेशा

प्रत्येक जाति का एक या अधिक परंपरागत धंधा है। कुछ विभिन्न जातियों के समान परंपरागत धंधे भी हैं। आर. वी. रसेल (R.V. Russel) ने मध्यभारत के बारे में बताया है कि वहाँ

कृषकों की 40, बुनकरों की 11 और मछुओं की सात भिन्न भिन्न जातियाँ हैं। कृषि, व्यापार और सैनिक वृत्ति आदि कुछ ऐसे पेशे हैं जो प्राय: सभी जातियों के लिये खुले रहे हैं। अछूत इसमें अपवाद हैं, यद्यपि कृषि अनेक अछूत जातियाँ भी करती हैं।

आज ईसा की 20 वीं शताब्दी के मध्य तक अधिकांश जातियों के अधिकतर लोग अपने परंपरागत पेशों में लगे हैं। चमड़ा कमाना, जूते बनाना, विष्ठा की सफाई आदि कुछ ऐसे गंदे तथा निकृष्ट समझे जानेवाले कार्य हैं। जिन्हें करने की अनुमति अन्य उच्च जातियाँ अपने सदस्यों को नहीं देतीं। इसके विपरीत बुनाई का धंधा अनेक छोटी जातियों ने अपना लिया है। जजमानी व्यवस्था से संबंधित नाई, धोबी, बढ़ई, लोहार, आदि के कुछ ऐसे धंधे हैं जिन पर संबंधित जातियाँ अपना अधिकार मानती हैं। पौरोहित्य पर ब्राह्मण जातियों का एकाधिकार है। यज्ञ कराना, अध्ययन अध्यापन और दान दक्षिणा लेना ब्राह्मणों का जातीय कर्म तथा वृत्ति है। क्षत्रियों का परंपरागत कार्य शासन और सैनिक वृत्ति है।

गाँव में विभिन्न जातीय समूह सेवा की एक ऐसी व्यवस्था में गठित हैं जिसमें अधिकांश जातियाँ दूसरे की परंपरागत रूढ़ियों पर आधारित आर्थिक, धार्मिक और सांस्कृतिक जीवन के लिये उपयोगी, निश्चित तथा विशिष्ट सेवा देती हैं। इसे कुछ विद्वानों ने जजमानी व्यवस्था कहा है। जजमानी व्यवस्था का विस्तार आर्थिक जीवन के साथ साथ सांस्कृतिक और धार्मिक जीवन में भी है और अनेक सेवक जातियाँ अपने सांस्कृतिक और धार्मिक जीवन में भी है और

अनेक सेवक जातियाँ अपने जजमानों से आर्थिक सेवा के अतिरिक्त सामाजिक उत्सवों और धार्मिक संस्कारों के आधार पर भी संबद्ध हो गईं। ब्राह्मण तथा अनेक सेवक जातियों का संबंध तो अपने जजमानों से केवल धार्मिक तथा सांस्कृतिक जीवन से है। भाट, नट आदि और ब्राह्मणों की अनेक जातियों की गणना इस श्रेणी में की जा सकती है।

सजातीय विवाह

सजातीय विवाह जातिप्रथा की रीढ़ माना जाता है। वास्तव में बहुधा एक जाति में भी अनेक अंतर्विवाही समूह होते हैं जो एक प्रकार से स्वयं जातियाँ हैं और जिनकी पृथक् जातीय पंचायतें, अनुशासन और प्रथाएँ हैं। इन्हें उपजातियों का नाम भी दिया जाता है। सजातीय अथवा अंतर्विवाह के कुछ अपवाद भी हैं। पंजाब के कुछ पहाड़ी क्षेत्रों में उच्च जाति का व्यक्ति छोटी जाति की स्त्री से विवाह कर सकता है। मालाबार में नंबूद्री ब्राह्मण मातृस्थानीय नायर नारी से वैवाहिक संबंध करता है।

उत्पत्ति

प्राचीनतम भारतीय धर्म ग्रंथों में जाति का कोई सबूत नहीं मिलता है। जाति की उत्पत्ति के कारण और काल के विषय में अनेक मत हैं जो सब अनुमान पर आधारित हैं। अनेक विद्वानों का मत है कि श्वेतवर्ण विजेता आर्यो ओर श्यामवर्ण विजित अनार्यो के संघर्ष से आर्य और दास दो जातियों का उदय हुआ और कालक्रम में वर्ण सांकर्य, धर्म,

व्यवसाय, श्रम विभाजन, संस्कृति, प्रवास तथा भौगोलिक पार्थक्य से हजारों जातियाँ उत्पन्न हुईं।

दूसरा प्रबल मत है कि जाति का उदय अनार्य समाज में आर्यों के आगमन से पहले हो चुका था और आर्यों के आगमन ने उसमें अपना योगदान किया। इस मत के समर्थकों का कहना है कि 'जीवतत्त्ववाद' 'अभिनिषेध' (टैबू) और जादू आदि की भावनाओं से प्रभावित विभिन्न समूह जब एक दूसरे के संपर्क में आए तो वे अपने विश्वास, संस्कृति, प्रजापति, धार्मिक कर्मकांड आदि के कारण एक दूसरे से पृथक् बने रहे। क्योंकि अनेक जातीय समूहों का विश्वास था कि खाद्य पदार्थों तथा व्यवसायिक उपकरणों पर परकीय प्रभाव अनिष्टकारी होता है। अत: छुआछूत और अंतर्विवाह (सजातीय विवाह) संयुक्त समाज के अंग बने। संयोग से जाति को कर्मवाद का आधार भी मिल गया। व्यवसाय, क्षेत्रीयता, वर्णसांकर्य आदि अनेक तत्वों ने उसे प्रभावित, परिवर्तित और दृढ़ किया। आर्यों के आगमन ने इसे नया रूप दिया और जातिप्रथा आर्यों में भी प्रविष्ट हुई। वैदिक साहित्य के आधार पर यह निष्कर्ष निकलता है कि प्रारंभ में भारतीय आर्यों में तीन वर्ग थे जो समस्त संसार के आर्यों की विशेषता थी और जो जातियों से मूलत: भिन्न थे।

वर्ण तथा जाति

हिंदू शास्त्रों के मत से जाति का मूल वर्णों में है। इस प्रकार मानव सृष्टि के प्रारंभ से ही चार वर्णों की उत्पत्ति मानी गई है। मनु आदि स्मृतिकारों ने प्रत्येक वर्ण के व्यक्ति के सामाजिक और व्यक्तिगत कार्य, जीविका, शिक्षा दीक्षा, संस्कार और कर्तव्य तथा अधिकार संबंधी नियमों का विधान किया है।

वर्णव्यवस्था में पुरोहित तथा अध्यापक वर्ग ब्राह्मण, शासक तथा सैनिक वर्ग राजन्य या क्षत्रिय, उत्पादक वर्ग वैश्य और सेवक वर्ग शूद्रवर्ण हैं।

अनेक विद्वानों का मत है कि वैदिक आर्य समाज में तीन अस्पष्ट वर्ग थे। वास्तव में उस समय गौरवर्ण आर्य और श्यामवर्ण दास दो ही वर्ण थे जिन्हें एक ओर तो त्वचा का गौर और श्याम रंगभेद और दूसरी ओर विजेता और विजित का सत्तागत भेद और सांस्कृतिक भिन्नत्व एक दूसरे से पृथक् करता था। दासवर्ण बाद में शूद्रवर्ण हुआ और इसके साथ आर्यों के तीनों वर्गों ने मिलकर चातुर्वर्ण्य की सृष्टि की। जो जनजातियाँ, आर्य समाज से दूर रहीं उन्हें वर्णव्यवस्था में सम्मिलित नहीं किया गया।

वर्णों में अंतर्विवाह का निषेध नहीं था और इस निषेध का न होना मूल आर्य समाज की परंपरा के अनुकूल था। केवल प्रतिलोम विवाह निषिद्ध थे। हिंदू धर्मशास्त्रों ने जातियों को नहीं, वर्णों को मान्यता दी है, जो वस्तुत: या तो अनार्य सभ्य जातियाँ हैं, या सभ्य समाज के संपर्क में आए अनार्य जन जातीय समूह हैं। जातिभेद का मूल (आरंभ) आर्यों में नहीं था। अत: जाति शास्त्रकारों द्वारा आपेक्षित रही है।

आर्यमूल की उच्च जातियों में जातीय पंचायतों की अनुपस्थिति भी मूल आर्य समाज की जातिविहीन स्थिति की द्योतक है। परंतु हिंदू समाज में जातियों का मौलिक महत्व है और ये वर्णों से भिन्न हैं। ऐसे लोगों की संख्या कम नहीं है जिनका वर्ण अनिश्चित और विवादास्पद है, जबकि सभी की जाति निश्चित और संदेह से परे है। वर्णों का सामाजिक

मर्यादाक्रम असंदिग्ध और निश्चित है, जबकि जातियों का एक सीमा तक निश्चित होते हुए भी संदिग्ध और विवादास्पद रहता है।

सामाजिक मर्यादा की दृष्टि से जातियाँ स्थानीय तथा क्षेत्रीय और वर्ण सार्वदेशिक हैं अर्थात् जातियों में स्थानभेद से मर्यादाभेद हो जाता है। वर्णव्यवस्था में दो वर्णों के बीच विवाह संबंध निषिद्ध नहीं है, केवल प्रतिलोम विवाह निषिद्ध है। जातिव्यवस्था में अंतर्जातीय विवाह सर्वथा निषिद्ध है। वर्ण समाज की क्रियात्मक वास्तविक इकाइयाँ नहीं हैं और जातितत्व जीवन के प्राय: सभी अंगों में समाविष्ट है।

जाति के कारण वर्णों की गतिशीलता अवरुद्ध है और व्यक्ति के लिये वर्णांतर उसी प्रकार असंभव है जिस प्रकार जात्यंतर, क्योंकि व्यक्ति मूलत: जाति से संबद्ध है और जाति के साथ ही उसका वर्णांतर हो सकता है। वर्णविभाजन में किसी जाति का स्थान उसकी सामाजिक प्रतिष्ठा का द्योतक है।

अंत्यज या अछूत जातियाँ यद्यपि हिंदू समाज का अंग हैं तथापि वर्ण व्यवस्था में उनका कोई स्थान नहीं है। दक्षिण भारत में क्षत्रिय तथा वैश्य वर्ण की मान्य जातियाँ हैं ही नहीं। जिन जातियों ने इन वर्णों के पेशे अपना लिए हैं उन्हें आज भी शूद्र ही माना जाता है, यद्यपि वे सब क्षत्रिय या वैश्य होने का दावा करती हैं। केरल के राजवंशों तक की यही स्थिति थी। हिंदुओं के कर्मवाद ने जाति व्यवस्था को धार्मिक आश्रय प्रदान किया और यह आश्रय जाति को दृढ़ तथा स्थायी बनाने की दृष्टि से महत्वपूर्ण है।

जाति के साथ सामान्य हिंदू का तादात्म्य धर्म की उपेक्षा और अवज्ञा कर सकता है किंतु जातीय बंधनों, प्रथाओं और आचार व्यवहार का उल्लंघन उसके लिये कठिन है। वास्तव में अधिकांश लोगों की धारणा में धर्म और जाति का भेद है ही नहीं।

प्रजातीय तत्व

भारत उपमहाद्वीप में प्रागैतिहासिक काल से संसार की विभिन्न प्रजातियों का मिश्रण होता रहा और यद्यपि कुछ क्षेत्रों और जातीय समूहों में एक या दूसरी प्रजाति के लक्षण बहुलता से परिलक्षित हैं, तथापि प्रजातीय भेद और जाति में अटूट संबंध स्थापित नहीं किया जाता। एच. एच. रिजली ने पंजाब, उत्तर प्रदेश और बिहार की कुछ जातियों के नासिकामापन से यह निष्कर्ष निकाला कि आर्य प्रजाति का अंश जिस जाति में जितना अधिक या कम है उसका मोटे तौर पर सामाजिक स्थान उतना ही ऊँचा या नीचा है।

किंतु डाक्टर जी. एस. धुरए और अन्य जातिविदों ने मानवमितिक नापों के आधार पर रिजली की प्रस्थापना का खंडन किया है। भारत के जातीय समूहों में प्रजातीय मिश्रण व्यापक है और यह मिश्रण विभिन्न जातियों, उपजातियों तथा क्षेत्रों में भिन्न भिन्न है। संभवत: भारत के प्राचीनतम निवासी निग्रिटो मानव जाति के थे। इनके वंशज प्राय: अमिश्रित अवस्था में आज भी अंडमान में हैं।

इनके अतिरिक्त नाटा कद, काला रंग और ऊन सरीखे बालवाली काडर, इरला और पणियन जैसी दक्षिण भारत की वन्य जातियों में तथा उत्तरपूर्व की कुछ नागा जनजातियों में निग्रिटो मानव जाति का मिश्रण परिलक्षित है। निग्रिटो के पश्चात् भारत में संभवत: निषाद (आस्ट्रिक) मानव जाति का पदार्पण हुआ जिसके शारीरिक लक्षणों में दीर्घ कपाल, पृथु नासिका, मझोला कद और घुंघराले बाल तथा चाकलेटी श्यामल वर्ण है। निषादों का मिश्रण समस्त भारत में और विशेषकर छोटी जातियों में अधिक है।

दक्षिण की अधिकांश वन्य जातियाँ और कोल संथाल, मुंडा और भील मूलत: इसी वंश की जनजातियाँ हैं। मुसहर, चमार, पासी आदि जातियों में भी इसी मानव जाति के अंश अधिक परिलक्षित होते हैं। दीर्घ कपाल और मध्यम नासिका तथा श्याम वर्णवाली द्रविड़ जाति का प्रभाव दक्षिण भारत पर सबसे अधिक है। किंतु मध्य और समस्त उत्तर भारत की आबादी में भी इसका व्यापक मिश्रण है।

ऐसा प्रतीत होता है कि द्रविड़ जाति का उत्तर भारत में निषाद, किरात (मंगोल) और आर्य रक्त से मिश्रण हुआ तथा इन लोगों ने आर्य भाषाओं को ग्रहण कर लिया। गोंड, खोंड और बेंगा जनजातियाँ इसी वंश का हैं।

इस प्रकार हम देखते हैं कि भारत में निग्रिटों, निषाद (आस्ट्रिक), द्रविड़ किरात (मंगोलायड) और आर्य जातियों का मिश्रण हुआ है। इनके अतिरिक्त गोल सिर और मध्यम कद वाली अर्मिनायड मानव जाति का मिश्रण द्रविड़ जाति से या तो

भारत में आने पर या उसके पूर्व ही हुआ। दक्षिण तथा मध्य भारत ओर बंगाल में इस जाति के लक्षण स्पष्ट हैं। प्रजातीय मिश्रण की दृष्टि से भारत उत्तर-पश्चिम में आर्य, उत्तर-पूर्व में किरात तथा निषाद और दक्षिण में द्रविड़ तथा निषाद मानव जातियों के लक्षण अधिक प्रबल हैं।

भारत के अहिंदुओं में जातित्व

भारत में जाति सर्वव्यापी तत्व है। ईसाइयों, मुसलमानों, जैनों और सिखों में भी जातियाँ हैं और उनमें भी उच्च, निम्न तथा शुद्ध अशुद्ध जातियों का भेद विद्यमान है, फिर भी उनमें जाति का वैसा कठोर रूप और सूक्ष्म भेद प्रभेद नहीं है जैसा हिंदुओं में है। ईसा की 12 वीं शती में दक्षिण में वीर शैव संप्रदाय का उदय जाति के विरोध में हुआ था। किंतु कालक्रम में उसके अनुयायिओं की एक पृथक् जाति बन गई जिसके अंदर स्वयं अनेक जातिभेद हैं।

सिखों में भी जातीय समूह बने हुए हैं और यही दशा कबीरपंथियों की है। गुजरात की मुसलिम बोहरा जाति की मस्जिदों में यदि अन्य मुसलमान नमाज पढ़े तो वे स्थान को धोकर शुद्ध करते हैं। बिहार राज्य में सरकार ने 27 मुसलमान जातियों को पिछड़े वर्गो की सूची में रखा है।

केरल के विभिन्न प्रकार के ईसाई वास्तव में जातीय समूह हो गए हैं। मुसलमानों और सिक्खों की भाँति यहाँ के ईसाइयों में अछूत समूह भी हैं जिनके गिरजाघर अलग हैं अथवा जिनके लिये सामान्य गिरजाघरों में पृथक स्थान निश्चित

कर दिया गया है। किंतु मुसलमानों और सिखों के जातिभेद हिंदुओं के जातिभेद से अधिक मिलते जुलते हैं जिसका कारण यह है कि हिंदू धर्म के अनुयायी जब जब इस्लाम या सिख धर्म स्वीकार करते हैं तो वहाँ भी अपने जातीय समूहों को बहुत कुछ सुरक्षित रखते हैं और इस प्रकार सिखों या मुसलमानों की एक पृथक् जाति बन जाती है।

जाति की गतिशीलता

भारत में जाति चिरकालीन सामाजिक संस्था है। ई. ए. एच. ब्लंट के अनुसार जातिव्यवस्था इतनी परिवर्तनशील है इसका कोई भी स्वरूप वर्णन अधिक दिनों तक सही नहीं रहता। इसका विकास अब भी जारी है। नई जातियों तथा उपजातियों का प्रादुर्भाव होता रहता है और पुरानी रूढ़ियों का क्षय हो जाता है। नए मानव समूहों को ग्रहण करने की इसमें विलक्षण क्षमता रही है। कभी कभी किसी क्षेत्र की कोई संपूर्ण जाति या उसका एक अंग धार्मिक संस्कारों तथा सामाजिक रीतियों में ऊँची जातियों की नकल करके और शिक्षा तथा संपत्ति, सत्ता और जीविका आदि की दृष्टि से उन्नत होकर कालक्रम में अपनी मर्यादा को ऊँचा कर लेती है।

इतिहास में अनेक ऐसे भी उदाहरण हैं जब छोटी या शूद्र जातियों के समूहों को राज्य की कृपा से ब्राह्मण तथा क्षत्रिय स्वीकार कर लिया गया। जे. विलसन और एच. एल. रोज के अनुसार राजपूताना, सिंघ और गुजरात के पोखराना या पुष्करण ब्राह्मण और उत्तर प्रदेश में उन्नाव जिले के आमताड़ा

के पाठक और महावर राजपूत इसी प्रक्रिया से उच्च जातीय हो गए।

ऐसा देखा गया है कि जातियों का उच्च या निम्न स्थान धार्मिक अनुष्ठान तथा सामाजिक प्रथा, आर्थिक स्थिति तथा सत्ता द्वारा स्थिर और परिवर्तित होता है। इसके अतिरिक्त कुछ पेशे गंदे तथा निकृष्ट और कुछ शुद्ध तथा श्रेष्ठ माने जाते हैं। चमड़े का काम, मल मूत्र की सफाई, कपड़ों की धुलाई आदि गंदे पेशे हैं; बाल काटना, मिट्टी और धातु के बर्तन बनाना, टोकरी, सूप आदि बनाना, बिनाई, धुनाई आदि निम्न कार्य हैं; खेती, व्यापार, पशुपालन, राजा की नौकरी मध्यम ओर विद्याध्ययन, अध्यापन, तथा शासन श्रेष्ठ कार्य हैं।

इसी प्रकार भोजन के कुछ पदार्थ उत्तम और कुछ निकृष्ट माने जाते हैं। मृत पशु, विष्ठोपजीवी शूकर तथा मांसाहारी गीदड, कुत्ते, बिल्ली आदि का मांस निकृष्ट खाद्य माना जाता है। शाकाहार करना और मदिरा त्याग उत्तम है। धार्मिक संस्कार और उनकी विधियों का भी बहुत महत्व है। स्त्रियों का पुनर्विवाह और विधवा विवाह उच्च जातियों में निषिद्ध और निम्न जातियों में स्वीकृत है। यह निषेध धार्मिक तथा सांस्कृतिक दृष्टि से उत्तम माना जाता है।

अत: जब कोई जाति अपनी मर्यादा को ऊँचा करने के लिये प्रयत्नशील होती है तो ऊँची जातियों के धार्मिक संस्कारों को अपनाती है और निकृष्ट भोजन, मद्यपान, स्त्रियों के पुनर्विवाह और विधवा विवाह पर रोक लगा देती है। यद्यपि जातीय गतिशीलता हिंदू समाज के सभी स्तरों में, एक ही स्तर

के अंदर और विभिन्न स्तरों के बीच विद्यमान है तथापि अंत्यज वर्ग की जातियों के ऊपर के स्तरों में पहुँचना अभी तक असंभव ही बना हुआ है।

ऐसा भी देखा गया है कि संस्कार, संपत्ति और सत्ता की दृष्टि से उन्नत होने पर भी किसी जाति के उच्च श्रेणी संबंधी दावे को मान्यता नहीं मिली। कुछ भी हो आधुनिक युग में जातीय गतिशीलता अनेक दिशाओं में बढ़ रही है। पश्चात्य संस्कृति के प्रभाव ने एक नई धारा प्रवाहित की है। अंग्रेजी भाषा के माध्यम से उच्च शिक्षा प्राप्त वे लोग जो ऊँचे सरकारी पदों पर हैं या उद्योग तथा व्यापार में उन्नति कर गए हैं, अपने खान पान और रहन सहन को बदल रहे हैं और जातीय आचार व्यवहार का पालन नहीं करते अथवा उसकी उपेक्षा करते हैं। फिर भी, अपनी जाति से इनका संबंध बना रहता है और इन्हें जाति से विशेष प्रतिष्ठा तथा सम्मान भी प्राप्त होता है।

नगरों तथा औद्योगिक केंद्रों में अनेक जातीय भेदभाव तथा बंधन जैसे खानपान के प्रतिबंध, पेशे तथा व्यवसाय संबंधी रुकावटें और छुआछूत की कठोरता तीव्रता से समाप्त हो रही है। परंतु विवाह अब भी अपनी जाति के ही अंदर होता है, यद्यपि इस दिशा में भी परिवर्तन परिलक्षित हैं। अनेक जातियों की उपजातियों में विवाह संबंध सुगम हो गया है और विशेषकर उच्च जातियों में अंतर्जातीय विवाहों को स्वीकार किया जाने लगा है।

कानूनी रूप से न्याय और दंड का अधिकार जाति पंचायतों के अधीन न रहने से भी उनकी शक्ति और प्रभाव

बढ़ाने के लिये प्रयत्नशील हैं और इनके ये प्रयत्न राजनीतिक गतिविधियों में अभिव्यक्त होते हैं। स्वतंत्रता प्राप्ति के बाद उत्तर प्रदेश में 'अजगर' दल (अहीर, जाट, गूजर और राजपूत) और शोषित वर्ग संघ का संघटन हुआ।

महाराष्ट्र में बाबा साहब डॉ. भीमराव अम्बेडकर के नेतृत्व में पहले दलित वर्ग संघ और बाद में रिपब्लिकन पार्टी बनी और दक्षिण भारत में पहले जस्टिस पार्टी और स्वतंत्रता प्राप्ति के बाद द्रविड़ मुन्नेत्र कड़गम् का संघटन हुआ। देश के लोकतांत्रिक निर्वाचनों में जाति तत्व प्रमुख हो जाता है, सरकारी नौकरियों और सुविधाओं की प्राप्ति में भी जातीय पक्षपात प्रतिलक्षित होता है। इस प्रकार राजनीति में जाति का विशेष स्थान हो गया है। 20 वीं शताब्दी के आरंभ से ही भौगोलिक दृष्टि से भी जातीय संघटन व्यापक होते जा रहे हैं और नए ढंग से अपने को संगठित कर रहे हैं।

भारतीय संविधान और कानून की दृष्टि से छुआछूत का व्यवहार दंडनीय अपराध है। संविधान ने अनुसूचित जातियों (दलित जातियों) और जनजातियों के लिये अनेक प्रकार के आरक्षण का वैधानिक प्रावधान किया है, जिसके अंतर्गत संसद तथा राज्यों के विधानमंडलों में आरक्षित स्थान निश्चित किए गए हैं। इसी प्रकार केंद्रीय तथा राज्य सरकारों की नौकरियों में भी अनुसूचित जातियों और जनजातियों के लिये स्थान आरक्षित हैं। इन जातियों को यह आरक्षण अंतरिम काल के लिये दिया गया है।

(३)

जातिवाद का विष, समाज के लिए विशेष घातक

उत्पत्ति विकास की प्रक्रिया के दौरान अनेक जीवों का विकास हुआ। जैसे, बिल्ली, शेर, बंदर, मनुष्य आदि। ये सभी अलग अलग जाति से सम्बन्ध रखते है। परन्तु यह मनुष्य पर लागू नहीं होता है, क्योंकि मनुष्य स्वयं एक जाति है। जिसे अन्य जातियों में विभाजित नहीं किया जा सकता है। परन्तु दुःख के साथ कहना पड़ रहा है कि यह जाति आधारित व्यवस्था केवल भारत में है।

आज से लगभग 4 हजार साल पहले, विदेशी कबीले भारत आये। धोखा और छल से इस देश के मूल निवासियों को गुलाम बनाये। परन्तु जब उन्हें एहसास हुआ कि वे संख्या में कम है, तो उन्होंने फूट डालो और शासन करो की नीति के तहत जाति व्यवस्था की नींव रखी। एक मनुष्य जाति को 6,743 जातियों में विभाजित किया। उनके बीच जाति रुपी दिवार खड़ा कर दिया। आपस में भाई चारा न रहे, इसके लिए जाति के आधार पर बड़े छोटे का भेद कर दिया। इस काम में वे सफल रहे, क्योंकि आज तक यह व्यवस्था बनी हुई है।

समय समय पर इसे मजबूत करने के लिए पोषण की व्यवस्था की जाती रही है। आज देश की जो भी समस्याएं मौजूद है, उनमें जातिवाद प्रमुख है। यह समस्या प्राचीन भारत से लेकर आधुनिक भारत तक ज्यों का त्यों विराजमान है। इस देश में जाति के आधार पर व्यक्ति का आकंलन किया जाता है। ब्राह्मण कुल में जन्म लेने का मतलब, बिना परिश्रम सामाजिक प्रतिष्ठा की गारंटी है। इसके विपरीत एक गड़ेरिया जिसका कार्य भेंड़ बकरी पालना, चराना, उसका मांस खाना है, वह भी एक पढ़ा लिखा आदिवासी या इंजीनियर वाल्मीकि के साथ भाई चारा या रोटी का संबंध नहीं रखना चाहता है।

हिंदू धर्म के अनुसार यह वयवस्था हिन्दू धर्म की रीड की हड्डी है। यदि इसे समाप्त किया जाता है, तो हिन्दू धर्म का पतन हो जायेगा। यह कथन गांधी द्वारा कहा गया है। (पूना पैक्ट समझौता 1932), इस व्यवस्था के संदर्भ में बाबा साहब डॉ. अम्बेडकर का कहना है हिन्दू धर्म में जाति व्यवस्था एक बहुमंजिली इमारत जैसा है, जिसमें कोई सीढ़ी नहीं है। जो

जिस मंजिल पर जन्म लेता है उसका अंत उसी मंजिल पर होता है। वह न तो नीचे आ सकता है और न ही ऊपर जा सकता है।

ऐसा नहीं है कि महापुरुषों ने इस सामाजिक कैंसर को मिटाने का प्रयास नहीं किया, समय समय पर इसके खिलाफ आवाजें उठी। जैसे भक्ति काल में मीराबाई, संत कबीर, संत रविदास, गुरुनानक, नाभादास, घासीदास, तुकाराम, संत त्रिवल्लुवर, चोखादास आदि महापुरुषों ने इसके खिलाफ आवाजें बुलंद की। परन्तु यह कोढ़ रुपी बीमारी ज्यों की त्यों बनी हुई है।

आधुनिक भारत में अनेक महापुरुषों ने इसके खिलाफ राष्ट्र व्यापी आंदोलन किया जैसे पेरियार ई. वी. रामास्वामी नायकर, ज्योतिवा राव फूले, महाराजा गायकवाड़, बाबा साहब डॉ. अम्बेडकर आदि। परन्तु अफसोस के साथ कहना पड़ रहा है। इतने लोगों की कुरबानी के बाद भी यह व्यवस्था आजाद भारत के सत्तर साल बाद भी सामाजिक सहिष्णुता, भाई चारा, विकास आदि को खाए जा रहा है।

यह व्यवस्था इस लिए बरकरार है क्योकि इसे मिटाने का प्रयास समाज के उन व्यक्तियों द्वारा किया गया जो हिन्दू वर्ण व्यवस्था के अनुसार चतुर्थ श्रेणी या शूद्र वर्ण में आते हैं। इस व्यवस्था के खिलाफ सवर्ण समाज के लोंगो द्वारा प्रयास नहीं किया गया। यह बात अलग है कि ये लोग ढोल बजाने में हमेशा आगे रहे हैं, जैसे प्रार्थना समाज, सत्य सूदक समाज, आर्य समाज, राम कृष्ण परमहंस, स्वामी विवेकानंद, राजा

राममोहन रॉय , बाल गंगाधर तिलक, वल्लभ भाई पंत, गणेश शंकर विद्द्यार्थी, सरदार पटेल, नेहरू और हरिजनों के सबसे बड़े हितैसी महात्मा गाँधी। किताबी श्रोतों से पता चलता है कि गांधी जी छुआछूत को मिटाने के लिए आजीवन लड़ते रहे, परन्तु सच्चाई यह है कि उन्होंने हरिजन शब्द को पुनः जीवित किया जिसका अर्थ गाली से भी खतरनाक होता है और एक लड़ाकू समाज को नाजायज समाज की संज्ञा दे दी।

हाल ही में देश में असहिष्णुता को लेकर अनेक विद्ववानो, कवियों, लेखकों, साहित्यकारों, फिल्मी हस्तियों ने अपने पुरस्कार लौटाए या लौटने का प्रयास किये। परन्तु दुखः इस बात का है कि इस जाति रुपी अभिशाप के खिलाफ किसी ने न तो प्रयास किया नहीं पुरस्कार लौटाए, जो देश की सबसे बड़ी समस्या है। क्योकि ये लोग जाति रुपी पौधे में पानी और खाद डालते आ रहे हैं। भ्रष्टाचार इस देश की समस्या कभी नहीं रही परन्तु इसको लेकर दिल्ली में सरकार बदल गई। इसके विपरीत जातिवाद देश की प्रमुख समस्या सदियों से रही है और इसे खत्म करने के लिए सवर्ण समाज से कोई अन्ना हजारे आगे नहीं आये न ही कोई व्यापक आंदोलन चला।

जातिवाद को कैसे खत्म किया जाय ?

हमारा विश्वास है कि हम अपने नाम के पीछे जाति सूचक शब्द न जोड़े जैसे शर्मा, मौर्य, पाल, पंडित, यादव आदि क्योंकि इसके प्रयोग से जाति को और बढ़ावा मिल रहा है और छोटी जातियों में हीन भावना उत्पन्न होती है। जाति सूचक शब्द का प्रयोग भारतीय संविधान की मूल भावना और राष्ट्रवाद के

खिलाफ है। नाम के साथ कोई अन्य शब्द जोड़ सकते है जो भारतीय संविधान और राष्ट्रवाद की भावना पर चोट न करे। जैसे सभी लोग अपने नाम के बाद भारतीय शब्द का प्रयोग करें तो काफी हद तक हम जातिवाद से छुटकारा पा सकते हैं।

फायदा -

१) भाई-चारा को बढ़ावा मिलेगा। प्रत्येक व्यक्ति एक दूसरे से प्यार तथा करुणा के भाव से मिलेंगे। न कोई हिन्दू होगा और न ही मुसलमान।

२) राष्ट्रीय एकता और अखंडता को बढ़ावा मिलेगा। जिसे राष्ट्र मजबूत होगा तथा देश को एक नई दिशा मिलेगी। एक दूसरे के प्रति संकीर्ण भावना का पतन होगा।

३) प्रेम-विवाह के रास्ते में कोई रूकावट नहीं आएगा, जिससे युवाओं का आत्मविश्वास बरकरार रहेगा। साथ ही साथ दहेज प्रथा जड़ से ही खत्म हो जाएगी।

४) समतामूलक समाज की स्थापना होगी। जहाँ ऊँच नींच, गैर बराबरी का आभाव होगा। नई पीढ़ी के लिए उज्जवल भारत होगा।

५) कोई भी व्यक्ति सामाजिक जीवन में कहीं भी जाति के आधार पर सर्मिंदगी महसूस नहीं करेगा। न ही उसके दिमाग में संकीर्ण भावना उत्पन्न नहीं होगी।

६) अखंड भारत का सपना हकीकत में पूरा होगा। क्योकि इंसान को बाँटकर राष्ट्र निर्माण की आधारशिला नही रखी जा सकती है।

७) देश के कई हिस्सों में सार्वजानिक जगहों पर स्कूलों में बच्चों को जातिवाद का शिकार होना पड़ता है। इससे उनका आत्मविश्वास कम होता है।

८) ब्राह्मणवाद का अंत होगा और धर्म जाति के आधार पर जो लोग समाज को बाँट रहें है, उनका भी अंत होगा।

९) देश के संसद में गुणवान तथा चरित्रवान लोग पहुंचेंगे क्योकि अभी अपनी अपनी जातियों का वोट पाकर अशिक्षित, असभ्य, दुराचारी, बलात्कारी, पापाचारी आदि लोग संसद में पहुँच जाते है।

जातिव्यवस्था के गुण दोष

भारतीय जातिव्यवस्था प्रागैतिहासिक काल से एक दृढ़ सामाजिक आर्थिक संस्था के रूप में विद्यमान है। निस्संदेह इस व्यवस्था में व्यक्ति की स्वतंत्रता अति सीमित है और वह जातिविशेष, जातीय शाखा विशेष तथा परिवार विशेष के सदस्य के रूप में जाना और माना जाता है। असमानता इसका दूसरा लक्षण है। इस व्यवस्था में व्यक्तिगत योग्यता तथा आकांक्षाओं का विशेष महत्व नहीं है। फिर भी, इस व्यवस्था ने समाज को एक ऐसी विलक्षण स्थिरता और व्यक्तियों को ऐसी शांति और सुरक्षा प्रदान की है जो अन्यत्र दिखाई नहीं देती।

जातियों के आंतरिक संघटन, जजमानी व्यवस्था और पारिवारिक दायित्वों के द्वारा व्यक्ति को सभी प्रकार की सामाजिक सुरक्षा मिलती रही है। इसमें अनाथ बच्चों का पालन पोषण, विधवाओं, रोगियों अपाहिजों और वृद्धों की देखरेख

तथा आश्रय की व्यवस्था है। किंतु जाति व्यवस्था का आधुनिक औद्योगिक अर्थप्रणाली और जनतांत्रिक स्वतंत्रता तथा समाजवादी समानता के मूल्यों से मेल नहीं बैठता और लगता है कि वह विरोध बुनियादी है।

आर्थिक विकास के लिये जिस व्यावसायिक तथा भौगोलिक गतिशीलता की आवश्यकता है, जातीय बंधन उसमें बाधक है। अब यह देखना है कि वर्तमान निरंतर परिवर्तनशील और संक्रांति युग में जाति अपना स्वरूप बदलकर सामाजिक संबंधों में युगानुकूल नया सामंजस्य स्थापित करती है या निष्प्रयोज्य और अवरोधक बनकर समाप्त हो जाती है।

अन्य देशों में जातितत्व

जाति व्यवस्था भारतीय समाज की विशेषता है। वह ऐसी स्थिर वस्तु मानी गई है। जिसमें व्यक्ति की सामाजिक मर्यादा जन्म से निश्चित होकर आजीवन अपरिवर्तनीय रहती है। ऐतिहासिक अभिलेखों से ज्ञात होता है कि प्राचीन मिस्र और पश्चिमी रोम साम्राज्य में भी इस प्रकार की व्यवस्था थी जिसमें कार्य विभाजन से उत्पन्न पेशे और पद वंशानुगत कर दिए गए थे। ईसा की 5वीं शताब्दी में रोम साम्राज्य की विधि संहिता के अधीन सभी धंधे और प्रशासनिक कार्य वंशानुगत थे। विवाह संबंध अपनी बिरादरी में ही हो सकता था।

प्राचीन मिस्र में पुरोहित, सैनिक, लेखक, चरवाहे, सुअर पालनेवाले और व्यापारियों के पृथक् पृथक् वर्ग थे जिनके पेशे और पद वंशानुगत थे। कोई कारीगर अपना पैतृक

धंधा छोड़कर दूसरा धंधा नहीं कर सकता था। उसका अपने वर्ग से संबंध अटूट था। सुअर पालने वाले अछूत माने जाते थे और उन्हें मंदिरों में प्रवेश करने की अनुमति नहीं थी। वैवाहिक दृष्टि से उनकी अंतर्विवाही जाति थी। सैनिक, पुरोहित और लेखक एवं अध्यापक उच्चवर्ग में थे और एक ही परिवार में तीनों प्रकार के व्यक्ति हो सकते थे। परंतु अन्य वर्गों के लिये उनके पैतृक पेशे निर्धारित थे।

इस प्रकार मिस्र और प्राचीन रोम में वर्गों के विभाजन का रूप वैसा न था जैसा भारत में मिलता है। न तो खानपान और छुआछूत संबंधी प्रतिबंध थे और न अंतवर्गीय विवाहों पर धार्मिक या सामाजिक रोक थी। पेशों के संबंध में भी रोम तथा मिस्र दोनों देशों में शासन की ओर से रोक लगाई गई थी।

जापान में सैनिक सामंतवाद (12वीं शताब्दी से 18वीं शताब्दी के मध्य तक) के शासनकाल में अभिजात सैनिक समुराई वर्ग के अतिरिक्त कृषक, कारीगर, व्यापारी और दलित वर्ग थे। समुराई शासन सुविधा संपन्न वर्ग था, जिसके लिये विशेष कानूनी व्यवस्था और अदालतें थीं। दलित वर्ग में एता और हिनिन दो समूह थे जो समाज के पतित अंग माने जाते थे और गंदे तथा हीन समझे जानेवाले कार्य उनके सपुर्द थे। विभिन्न वर्ग विवाह की दृष्टि से अंतर्विवाही समूह थे और दो वर्ग के व्यक्तियों में विवाह के लिये शासन से विशेष आज्ञा लेने की आवश्यकता होती थी।

चीन में शासकीय पदों के लिये अबाध परीक्षा का नियम था जो सभी वर्गों के लिये खुली थी। परंतु नाइयों का एक

पृथक् और पतित वर्ग माना जाता था, जिसको न तो शासकीय परीक्षाओं में भाग लेने की अनुमति थी और न कोई अन्य वर्ग का व्यक्ति इनसे विवाह संबंध करता था। अन्य वर्गों में पेशे साधारणत: वंशानुगत थे। परंतु इस संबंध में और अंतर्विवाह के संबंध में भी कठोर सामाजिक नियम नहीं थे।

कोर्नियों में विभिन्न वर्ग सदा अपने वर्ग में ही विवाह करते हैं। किंतु मध्यम वर्ग के व्यक्ति दास वर्ग की स्त्रियों से विवाह कर लेते हैं। कैरोलिन में दासों के अतिरिक्त उच्च और निम्न दो वर्ग हैं। निम्न वर्ग का व्यक्ति यदि उच्च वर्ग के व्यक्ति को छू ले तो वह अपराधी माना जायगा जिसका दंड मृत्यु है। निम्न वर्ग के लोग मछली का शिकार तथा नाविक का कार्य नहीं कर सकते।

अफ्रीका में लोहारों का समूह प्राय: शेष समाज से पृथक् रखा जाता है और इस वर्ग के लोग अपनी बिरादरी में ही विवाह करते हैं। बर्मा में पैगोडा का दासवर्ग एक पृथक् और अंतर्विवाही समूह है और उनका पेशा वंशानुगत है। वहाँ के राजाओं के काल में छह हीन वर्ग समझे जाते थे जो शेष समाज से पृथक् रहते थे। उनसे न तो कोई अन्य बर्मी विवाह तथा खानपान का संबंध करता था और न उनके पेशों को अपनाता था। इन वर्गों में थे पैगोडा के दास, पुलिस का काम करनेवाले तथा फाँसी देनेवाले लोग, कोढ़ी, असाध्य रोगों से पीड़ित, विकलांग, मुरदों को दफन करनेवाले लोग तथा राजा के खेतों में काम करनेवाले दास।

इस प्रकार हम देखते हैं कि प्राचीन काल में और सामंतवादी व्यवस्था में पेशों और पदों की वंशानुगत करने को प्रवृत्ति प्राय: सभी देशों में थी। इनके अतिरिक्त अनेक देशों में कुछ समूह ऐसे भी दिखाई देते हैं जो शेष समाज से पृथक् और हीन हैं तथा अनेक नागरिक और धार्मिक सुविधाओं से वंचित हैं।

सामाजिक मर्यादा की दृष्टि से विभिन्न वर्गों का श्रेणी विभाजन तो सभी देशों में रहा है। भारतीय उच्च वर्गों की भाँति अन्यत्र भी उच्च वर्गों को प्राय: सांपत्तिक, नागरिक और धार्मिक विशेषाधिकार प्राप्त रहे हैं। छुआछूत और अंतर्विवाहों पर निषेध के कुछ उदाहरण भी जहाँ तहाँ मिलते हैं।

प्राचीन मिस्र, मध्यकालीन रोम और सामंती जापान में राज्य की ओर से अंतर्विवाहों पर प्रतिबंध लगा दिए गए थे और पेशों को वंशानुगत कर दिया गया था। वंशानुगत पेशे, बिरादरी में ही विवाह का नियम और छुआछूत आदि भारतीय जाति के प्रमुख तत्वों में हैं। किंतु भारत के बाहर वर्तमान समय में या पुराने इतिहास में ऐसे किसी समाज का अस्तित्व दिखाई नहीं देता जो स्वत: उद्भूद जातीय व्यवस्था से परिचलित हो और जहाँ जातिव्यवस्था समाज का स्वभाव बन गई हो।

(४)

जातिवाद का उदय

जातिवाद की उत्पत्ति और इतिहास

भारतीय समाज में जातिवाद के उत्पत्ति कब हुई, यह बता पाना मुश्किल है । क्यूंकि आदि काल में मानव छोटे छोटे समूह बना कर जीवनयापन करते थे, फिर इसी क्रम में यह समूह कब एक जाति में बदले उस समय का पता लगाना संभव नहीं है

लेकिन जातिवादिता कि रूढ़ता कैसे जन्मी होगी यह जरूर समझा जा सकता है। देश पर जब बाहरी आक्रमण होने शुरू हुए, तो उसमें अस्तित्व को बचाने के प्रयास में जातिवादिता और जटिल होती चली गई।

इस तरह से जाति को कुछ नियमों से बांधा जाने लगा जैसे रोटीबंदी, बेटीबंदी, ये ''बंदी'' प्रत्यय का साथ नाम इसलिए बने क्योंकि इन दोनों ही शब्दों में ''रोटी'' मतलब रोजगार और ''बेटी'' को मतलब बेटी के विवाह को एक सीमा का निर्धारण कर इसे बांध दिया गया । ''रोटीबंदी'' का अर्थ है अपना खाना अपना रोजगार अपनी जाति के बाहर किसी से भी साझा नहीं करना, ''बेटीबंदी'' में बेटियों का विवाह जाति से बाहर करना निषिद्ध कर दिया गया ।

भारत में इस कारण बहुत से धर्म और धर्म में भी भीतर तक जाति और उपजाति और इससे भी आगे तक हुआ, लेकिन इस और कहीं तत्कालीन परिस्थितियों के लिए आवश्यक नहीं है

भारत में जातिगत वर्गीकरण थोड़ा मुश्किल था क्योंकि यहां जाति के अलावा भी बहुत से कारक थे जो जाति को निर्धारित कर सकते थे जातिगत व्यवस्था मूलत चार वर्णों पर आधारित थी, ब्राह्मण, क्षत्रिय, वैश्य, शूद्र।

वास्तव में यह कर्म आधारित प्रणाली थी इसमें जाति का निर्धारण व्यक्ति के कर्म से होता था, जिसमें जाति का किसी व्यक्ति के पूर्वजों से कोई संबंध नहीं होता था, जैसे यदि क्षत्रिय के बच्चे को वैश्य के काम में रुचि है, तो बच्चे को वैश्य का वर्ण मिल जाता था।

लेकिन कालांतर में यह सब बदलता गया और जाति का निर्धारण अनुवांशिक रूप से होने लगा जैसे क्षत्रिय के बच्चे क्षत्रिय ही कहलाये जाएंगे, इसी तरह से अन्य वर्णों के भी बच्चे अपने पिता की जाति और उसके कर्मों का अनुसरण करेंगे।

सबसे पहले यह उल्लेख करना आवश्यक है कि दुनिया में किसी भी समाज, व्यवस्था और धर्म का निर्माण किसी भी ईश्वर, अल्लाह या गॉड ने नहीं किया है। इससे साफ जाहिर होता है कि जाति को भी ईश्वर ने नहीं बनाया है। दुनिया की सभी व्यवस्थाओं को मनुष्य ने बनाया है। यानि कि जाति की व्यवस्था को भी मनुष्य ने ही बनाया है। भारत में जाति की उत्पत्ति आर्यों के आगमन के बाद हुई। प्रत्येक कार्य और व्यवस्था के पीछे एक कारण और सम्बन्ध होता है। ऐसा ही सम्बन्ध जाति और उसकी व्यवस्था के पीछे है।

जाति व्यवस्था को आर्यों ने बनाया। यहाँ एक सवाल यह उठता है कि आर्यों ने जाति व्यवस्था बनाई क्यों? और आर्य हैं कौन? यह सभी जानतें है की आर्य मध्य एशिया से भारत में

आएं। आर्यों का मुख्य काम युद्ध और लूट-पाट करना था। आर्य बहुत ही हिंसक प्रवृत्ति के थे और युद्ध करने में बहुत माहिर थे। युद्ध का सारा साजो सामान हमेशा साथ रखते थे। अपने लूट-पाट के क्रम में ही आर्य भारत आए।

उस समय भारत सामाजिक, आर्थिक और सांस्कृतिक रूप से बहुत समृद्ध था। इस समृद्धि का कारण भारतीय मूलनिवासियों की मेहनत थी। भारतीय मूलनिवासी बहुत मेहनती थे। अपनी मेहनत और उत्पादन क्षमता के बल पर ही उन्होंने सिन्धु घाटी सभ्यता जैसी महान सभ्यता विकसित की थी। कृषि कार्य के साथ साथ अन्य व्यावसायिक काम भी भारत के मूलनिवासी करते थे। मूलनिवासी बेहद शांतिप्रिय, अहिंसक और स्वाभिमानी जीवन यापन करते थे। ये लोग काफी बहादुर और विलक्षण शारीरिक शक्ति वाले थे। बुद्धि में भी ये काफी विलक्षण थे। अपनी इस सारी खासियत के बावजूद ये अहिंसक थे और हथियारों आदि से दूर रहते थे।

आर्यों ने भारत आगमन के साथ ही यहाँ के निवासियों को लूटा और इनके साथ मार-काट की। आर्यों ने उनके घर द्वार, व्यापारिक प्रतिष्ठान, गाँव और शहर सब जला दिया। यहाँ के निवासियों के धार्मिक, सांस्कृतिक प्रतीकों को तोड़कर उनके स्थान पर अपने धार्मिक, सांस्कृतिक प्रतीक स्थापित कर दिये। मूलनिवासियों के उत्पादन के सभी साधनों पर अपना कब्जा जमा लिया। काम तो मूलनिवासी ही करते थे लेकिन जो उत्पादन होता था, उस पर अधिकार आर्यों का होता था।

धीरे धीरे आर्यों का कब्जा यहां के समाज पर बढ़ता गया और वो मूलनिवासियों को अपनी अधीनता स्वीकार करने

के लिए बाध्य करने की कोशिश करने लगे। बावजूद इसके मूलनिवासियो ने गुलामी स्वीकार नहीं की। बिना हथियार वो जब तक लड़ सकते थे, तब तक आर्यों से बहादुरी से लड़े। लेकिन अंततः आर्यों के हथियारों के सामने मूलनिवासियों को उनसे हारना पड़ा। आर्यों ने बलपूर्वक बड़ी क्रूरता और निर्ममता से मूलनिवासियों का दमन किया।

दुनिया के इतिहास में जब भी कहीं कोई युद्ध या लूट-पाट होती है तो उसका सबसे पहला और आसान निशाना स्त्रियाँ होती हैं, इस युद्ध में भी ऐसा ही हुआ। आर्यों के दमन का सबसे ज्यादा खामियाजा मूलनिवासियों कि स्त्रियों को भुगातना पड़ा। आर्यों के क्रूर दमन से परास्त होने के बाद कुछ मूलनिवासी जंगलों में भाग गए। उन्होंने अपनी सभ्यता और संस्कृति को गुफाओं और कंदराओं में बचाए रखा। इन्हीं को आज 'आदिवासी' कहा जाता है। यह गलत रूप से प्रचारित किया जाता है कि आदिवासी हमेशा से जंगलों में रहते थे।

असल में ऐसा नहीं है। आदिवासी हमेशा से जंगलों में नहीं रहते थे। बल्कि उन्हें अपनी सुविकसित संस्कृति से बहुत प्यार था, जिसे उन्होंने आर्यों से बचाने के लिए जंगलों में शरण ली थी। बाद में आर्यों ने झूठा प्रचार करके उन्हें हमेशा से जंगल में रहने वाला प्रचारित कर दिया और उनकी बस्तियों और संपत्ति पर कब्जा कर लिया था। जो मूलनिवासी भाग कर जंगल नही गए, उनसे घृणित से घृणित अमानवीय काम करवाए गए। मरे हुए जानवरों को रस्सी से बांधकर और उन्हें खींचकर बस्ती से बाहर ले जाना फिर उनकी खाल निकालना, आर्यों के घरों का मल-मूत्र साफ करना तथा उसे हाथ से टोकरी में भरकर सिर में रखकर बाहर फेंकना आदि काम

मूलनिवासियों से आर्य करवाते थे। मूलनिवासी इन घृणित कामों से काफी परेशान थे। इसके खिलाफ मूलनिवासी संगठित होकर विद्रोह करने लगे। हालाँकि आर्यों की लूट-पाट एवं मार-काट से सभी बिखर गए थे, फिर भी समय-समय पर संगठत होकर वे अपनी जीवटता और बहादुरी से आर्यों को चुनौती देते रहते थे।

इसके परिणामस्वरूप आर्यों और अनार्यों (मूलनिवासियों) के कई भयंकर युद्ध हुए। मूलनिवासियों के इस तरह के बार-बार संगठित विद्रोह से आर्य परेशान हो गए। तत्पश्चात आर्य इससे निपटने के लिए दूसरा उपाय ढूंढ़ने लगे। उत्पादन स्रोतों और साधनों पर हमेशा अपना कब्ज़ा बनाये रखने को लेकर वो षड्यंत्र करने लगे। इसके लिए आर्यों ने रणनीति के तहत मनगढंत धर्म, वेद, शास्त्र और पुराणों की रचना की। इन शास्त्रों में आर्यों ने यहाँ के मूलनिवासियों को अछूत, राक्षस, अमंगल और उनके दर्शन तक को अशुभ बता दिया।

धर्म शास्त्रों में आर्यों का सबसे पहला वेद 'ऋगुवेद' है, जिसके "पुरुष सूक्त" में वर्ण व्यवस्था का उल्लेख है। इसमें समाज व्यवस्था को चार वर्णों जैसे, ब्राह्मण, क्षत्रिय, वैश्य और शूद्र में बांटा गया। पुरुष सूक्त में वर्णों की उत्पत्ति ब्रह्मा नाम के मिथक (झूठ) के शरीर से हुई बताई गई। इसमें कहा गया कि ब्रह्मा के मुख से ब्राह्मणों की, भुजाओं से क्षत्रियों की, पेट से वैश्यों की तथा पैर से शूद्रों की उत्पत्ति हुई है। इस व्यवस्था में सबके काम बांटे गए। आर्यों ने बड़ी होशियारी से अपने लिए वो काम निर्धारित किए, जिनसे वो समाज में प्रत्येक स्तर पर सबसे ऊंचाई पर बने रहें और उन्हें कोई काम न करना पड़े।

आर्यों ने इस व्यवस्था के पक्ष में यह तर्क दिया कि चूंकि ब्राह्मण का जन्म ब्रह्मा के मुख से हुआ है इसलिए ब्राह्मण का काम ज्ञान हासिल करना और उपदेश देना है। उपदेश से उनका मतलब सबको सिर्फ आदेश देने से था। क्षत्रिय का काम रक्षा करना, वैश्य का काम व्यवसाय करना तथा शूद्रों का काम इन सबकी सेवा करना था। क्योंकि इनकी उत्पत्ति ब्रह्मा के पैरों से हुई है। इस प्रकार आर्यों ने शूद्रों को पीढ़ी दर पीढ़ी सिर्फ नौकर बनाये रखने के लिए वर्ण व्यवस्था बना लिया।

इस प्रकार आर्यों ने अपने आपको सत्ता और शीर्ष पर बनाए रखने के लिए अपने हक में एक उर्ध्वाधर (खड़ी) समाज व्यवस्था का निर्माण किया। समाज संचालन और उसमें अपना वर्चस्व बनाए रखने के लिए समाज के प्रत्येक महत्वपूर्ण संस्थान जैसे शिक्षा और व्यवस्था पर अपने अधिकार को कानूनी जामा पहना कर अपना अधिकार कर लिया।

वर्ण व्यवस्था को स्थाई और सर्वमान्य बनाने के लिए आर्यों ने झूठा प्रचार किया कि वेदों कि रचना ईश्वर ने की है और ये वर्ण व्यवस्था भी ईश्वर ने बनाई है। इसलिए इसको बदला नहीं जा सकता है। जो इसे बदलने की कोशिश करेगा भगवान उसको दंड देंगे तथा वह मरने के बाद नरक में जाएगा। आयों ने प्रचार किया की जो इस ईश्वरीकृत व्यवस्था को मानेगा वह स्वर्ग में जाएगा।

इस प्रकार मूलनिवासियो को ईश्वर, स्वर्ग और नरक का लोभ एवं भय दिखाकर अमानवीय एवं भेदभावपूर्ण वर्ण व्यवस्था को मानने के लिए बाध्य किया गया। मूलनिवासी अनार्यों ने इस अन्यायपूर्ण सामाजिक विधान को मानने से

इंकार कर दिया। तत्पश्चात वर्ण व्यवस्था मृतप्राय हो गई और आर्यों की शक्ति और प्रभाव कमजोर होने लगा।

अपनी कमजोर स्थिति को देखकर मनु नाम के आर्य ने "मनुस्मृति" नामक एक और सामाजिक विधान की रचना की। इस विधान में वर्ण व्यवस्था की श्रेणीबद्धता को बनाए रखते हुए एक कदम और आगे बढ़कर वर्ण में जाति और गोत्र की व्यवस्था बनाई। यानि मनु ने एक वर्ण के अन्दर अनेक जातियां बनाई और गोत्र के आधार पर उनमे उनमे उच्च से निम्न का पदानुक्रम निर्धारित किया गया, जिससे जातियों के भीतर उच्च और नीच की भावना का जन्म हुआ।

मनु ने यह बताया कि चार वर्णों में से किसी भी वर्ण की कोई भी जाति अपने से नीचे वर्ण की जाति में कोई रक्त सम्बन्ध यानि शादी विवाह नहीं करेंगे अन्यथा वह अपवित्र और अशुद्ध हो जाएगा। सिर्फ समान वर्ण वाले ही आपस में रोटी बेटी का रिश्ता कर सकते हैं।

लेकिन मनु ने यहां भी चलाकी दिखलाई। उसने इस नियम को ब्राह्मणों के लिए लागू नहीं किया। ब्राह्मणों को इसकी छूट दी गई कि एक निम्न गोत्र का ब्राह्मण उच्च गोत्र के ब्राह्मण के यहाँ रोटी बेटी का रिश्ता कर सकता था। इस तरह ब्राह्मणों की आपस में सामूहिक एकता बनी रही। यही नियम क्षत्रिय वर्ण में भी लागू रखा गया, जिससे क्षत्रिय भी एकजुट रहें। वैश्य में यह नियम लागू नहीं हुआ, जिसका परिणाम यह हुआ कि ये आपस में एकजुट नहीं हो सके और उच्च-नीच की भावना के कारण बिखरते रहे।

ऋगु वैदिक वर्ण व्यवस्था में जिसमें सभी मूलनिवासियों को रखा गया था। इसलिए उनमे सामुदिक भावना थी। वो अक्सर संगठित होकर आर्यों की वर्ण व्यवस्था और अमानवीय शोषण का विरोध करते रहते थे। मनु ने मूलनिवासियों की संगठन शक्ति को कमजोर करने के लिए नई चाल चली। उसने मनुस्मृति नामक वर्ण व्यवस्था के नए विधान में शूद्र वर्ण को जातीय पदानुक्रम के साथ साथ दो जातीय समुदायों में बाँट दिया। शूद्र, समाज की सीढ़ी नुमा वर्ण व्यवस्था के सबसे निचले पायदान पर था इसलिए इस वर्ण की जातियों को अछूत भी कहा गया था।

ऋगुवैदिक वर्ण व्यवस्था में तो इनसे जबरदस्ती गंदे और अमानवीय काम करवाए जाते थे इसलिए इनको अन्य वर्णों के लोग छूते नहीं थे अर्थात वहां पर कर्म के कारण मूलनिवासियों की स्थिति निम्न थी, लेकिन आर्यों ने इस स्थति को स्थिरता प्रदान करने के किए शास्त्रों में पुनर्जन्म के सिद्धांत की रचना की और मनु ने सभी मूलनिवासियों को जिन्हें आर्यों ने अछूत बनाया था को कमजोर, अछूत और गुलाम बनाए रखने के लिए वर्ण व्यवस्था को जाति व्यवस्था में बदल दिया।

इस व्यवस्था को बनाए रखने के लिए आर्यों ने समय समय पर झूठे और आधारहीन धर्मशास्त्र लिखें। आर्य भारत में मुग़लों के आने के बाद अपने आपको हिन्दू कहने लगे थे ताकि इससे उनके भारतीय मूलनिवासी होने का बोध हो। इस तरह भारत में जाति पैदा करने का श्रेय वर्तमान हिन्दुओं के पुरखों को जाता है। मनु की जाति व्यवस्था में जातियों की जनन क्षमता इतनी अधिक है कि आज जातियों की संख्या हजारों में पहुँच गई है और जाति का यह रोग भारत की सीमाएं लांघकर अमेरिका और ब्रिटेन तक पहुँच गया है।

(५)

सामाजिक स्तर पर जातिवाद

जातिवाद के कारण समाज का दो हिस्सों में बटना ही पर्याप्त नहीं है बल्कि इसका प्रभाव तब सुनिश्चित होने लगा, जब इन दो वर्गों में से एक को शक्ति हासिल होती गई, वहीं दूसरे वर्ग का शोषण का प्रभाव बढ़ने लगा।

इस कारण जहाँ एक जाति उन्नत और समृद्ध होती गई, वहीं दूसरी जाति का पतन होने लगा और विकास के सभी मार्ग बंद होने लगे।

जातिवाद किसी व्यक्ति की अपनी जाति के प्रति अंधश्रद्धा है, जो कि दूसरी जातियों के हितों की परवाह नहीं करती और अपनी जाति के सामाजिक आर्थिक राजनीतिक और अन्य जरूरतों को पूरी करने का ही ध्यान रखते हैं।

इसका परिणाम वर्ग संघर्षों के रूप में भी कहीं कहीं देखने को मिल सकता हैं जो की उन्नत समाज के हित में कतई नहीं हैं।

समाज को जातिवाद का सामना उचित शिक्षाओं का कवच देकर तथा सामाजिक न्याय की नीतियाँ अपनाकर करना चाहिए। साथ ही जातिवाद के विरुद्ध समजिक स्तर पर ऐसा माहोल बनाना चाहिए जिससे समाज जातिवाद से नफरत करने लगे।

राजनीति में भी इसके पोशाक तत्व जातिवाद को समाप्त करने की भी जरूरत है जिससे उम्मीदवार जाति को देखकर न तो उतारा जय और नहीं उस उम्मीदवार को जाति के आधार पर जनता द्वारा वोट ही दिया जय।

वैदिक कालीन वर्ण व्यवस्था में नहीं था जातिवाद

भारत में वैदिक काल से ही वर्ण व्यवस्था थी। वर्ण व्यवस्था जातिवाद का पर्याय नहीं हैं लेकिन पूर्ववर्ती जरूर

कही जा सकती हैं। वैदिक समय में वर्ण व्यवस्था का स्वरुप इस दोहे से समझा जा सकता हैं :

शूद्रेण हि समस्तावत यौद्धे दे न जायते
जन्मनाजायतेशूद्रः संस्काराद्विज उच्च्यते

अर्थात जन्म से सभी शुद्र हैं किन्तु शुद्धि संस्कार से ब्रह्म वर्ण को प्राप्त करते हैं।

इसके वाद रामायणकाल में भी लगभग यही व्यवस्था रही और महाभारतकाल तक आते आते वर्ण व्यवस्था जन्म से होने लगी। महाभारत कालीन समाज में यह विकृति आ गयी थी।

ज़ब महात्मा बुध से समय था तो वर्ण व्यवस्था समाज पर पूरी तरह स्थापित हो चुकी थी और शुद्र का शोषण होता था। ब्राह्मण क्षत्रिय जन्म से ही श्रेष्ठ हो गए थें। व्यापारी वर्ण भी उच्च समाज में स्थापित था।

महात्मा बुद्ध ने शुद्रो को भी समाज में उचित स्थान दिलाया और उनके साथ भेदभाव को समाप्त कर उनको उनकी योग्यता अनुसार समाज में कार्य मिला। उनका नयी उपाधि और पारिवारिक आनंद को उन्होंने अपने साथ बौद्ध संघ में चुनाव द्वारा संघ प्रमुख और संस्थापक बनाया। इस तरह वर्ण व्यवस्था का ताना बना, कुछ बुद्ध काल में कमजोर हो गया और समानता का बोलवाला शुरू हो गया।

जाति व्यवस्था वास्तव में बुद्ध काल के बाद हिन्दू धर्म के पुनरुत्थान के जनक शंकराचार्य के उत्थान से पुनः बड़े

व्यापक और वीभत्स रूप में समाज में सामने आयी ज़ब शंकराचार्य ने नवीन हिंदू धर्म को स्थापित किया जो कि वेदो पर आधारित न था।

इन्होने अद्वैतवाद का नया सिद्धांत दिया और इसमें ब्राह्मणो को सर्वोच्च स्थान दिया। इसी समय बुद्ध धर्म व जैन धर्म का प्रतिरोध करने हेतु शंकराचार्य ने धर्म में साधु सन्यासियों को दस पंथो में बंट कर हिंदुत्व को अखिल भारतीय रूप देकर पुनः स्थापित किया।

इसी समय अबू में एक यज्ञ से नये क्षत्रियों का उद्भव किया, जिसमे नए क्षत्रिय व ब्राह्मण बनाये और वर्ण व्यवस्था जाति में जन्म से ही बदल गयी। इस समय शुद्र को अति अपमानित किया जाने लगा और उसके समस्त अधिकार छीन गए। शिक्षा आदर सत्कार समाज ने ब्राह्मण को, रक्षा क्षत्रिय को, व्यापार वैश्य को दिया तथा गुलामी का शेष समस्त कार्य शुद्र को दिया गया। शुद्र में भी अनेक तरह की जातिया बना दीं गईं। उस समय की स्थित प्रकट करने हेतु हेतु निम्न दोहा सटीक होगा :

उतस्थ वेद मुप श्रृण्व तस्त्र पूजा तुभ्य श्रोत प्रतिपूरनम
उच्चारने जीवहअच्छेदाधरणे हृदय विदारणम

अर्थात अगर शुद्र वेद सुन ले तो कान में पिघलता हुआ शीशा डालो, उसे गर्म करके डालें, वेद पढ़े तो जीभ काट दो। अगर याद करले तो हृदय को फाड़ दो। यह वर्ण से परिवर्तित हुयी जाति व्यवस्था की अति थी, उसका आतंक था।

शंकराचार्य जी के नए हिंदू धर्म की स्थापना के बाद ही मंदिर में मुर्ति पूजा शुरू हुयी, जो हिन्दुओं ने जैन धर्मी लोगो से छीनी। इनके सब तीर्थस्थल और मंदिर मुर्ति के मुकावले अपने उसी स्थान पर बड़े करके बनवाये गए।

बोद्ध गया की जगह पितर गया बनाया। पीपल को सबसे शुद्ध पेड़ बनाया, गीता लिखवाई गयी। महाभारत नए रूप में एक लाख शलोको सहित पुनः लिखा गया और कृष्ण तथा राम सर्वस्व ईश्वर हो गए।

वेद पीछे छूट गए। बोध धर्म को भी नष्ट भृष्ट कर दिया और जाति व्यवस्था स्थापित करके समाज का एक दो वर्ण के कुछ लोग ही लाभान्वित होते रहे। शेष सभी को हिंदू धर्म में जोड़े रखकर श्रद्धालुओं की संख्या बड़ाई।

वेद छोड़कर राम, कृष्ण, काली, दुर्गा आदि की स्तुति और धर्म में हिंसा, बलि, स्त्री को सती करना, विधवा विवाह न होने देना और देवदासी प्रथा शुरू हुयी। नदियों के किनारे धर्मस्थल बनाये गए और स्त्रियों को भी सन्यासिनी बनाया गया। कुम्भ मेला शुरू किया गया। वैदिक धर्म के नाम पर पाखण्डीकरण हुआ। यज्ञ को हिंसक बना दिया तथा पशु व नर बलि दी जाने लगी। धार्मिक ग्रन्थों में अन्ध विश्वास बड़ा दिया गया।

छुआछूत बड़ी, अभक्ष्य पदार्थो को भोजन में शामिल किया गया। तंत्र मन्त्र आदि का प्रभाव बढ़ गया। शंकराचार्य ने एकेश्वरवाद को भी भुलाकर बहुईश्वरवाद की पूजा शुरू कारवाई।

पाखंड इतना बडा कि पत्थर को पूजते पूजते उसी में से भगवान निकलकर सबकी रक्षा करेंगे, वाला धर्म शुरू हो गया, जो अंततः आत्मघाती सिद्ध हुआ और म्लेच्छ इसी कारण जड़ता का, अज्ञानता अंधविश्वास का लाभ उठाकर देश पर चढ़ बैठे और जातिवाद का जहर और घना होता गया।

शोषण और बढ़ता गया। इसी बात से दुखी होकर जनता में से नए धर्म इस्लाम को मानने वाले भी इस हिन्दू धर्म से छोड़कर इस्लाम धर्म में दीक्षित हो गए। लेकिन इन पाखंडियों की आंख तब भी न खुली।

फिर गुरू नानकदेव ने सीधा सच्चा सिख धर्म विना पाखंड वाला शुरू किया और बहुत सारे हिंदू इस सिख धर्म चले गए। लेकिन फिर भी पाखंड चलता रहा, अब तो सिख धर्म में भी पाखंडी कर्मकांड ने अपनी जगह बना ली थी।

अब आज़ादी के बाद शिक्षा प्रणाली बदलने से लोगों को कुछ जाति धर्म के सही ज्ञान का आभास हुआ हैं और लोग जरूरत के हिसाब से ही इसको महत्व दे रहे हैं।

मनुवाद और जाति व्यवस्था

कुछ लोग यह सोचते है कि मनु ने "मनु स्मृति" में मानव समाज को चार श्रेणियों में विभाजित किया है, ब्राहमण, क्षत्रिय, वेश्य और शुद्र।

विकास सिद्धान्त के अनुसार सामाजिक विकास के कारण जाति प्रथा की उत्पत्ति हुई है। सभ्यता के लंबे और मन्द

विकास के कारण जाति प्रथा मे कुछ दोष भी आते गए। इसका सबसे बड़ा दोष छुआछुत की भावना है। परन्तु शिक्षा के प्रसार से यह सामाजिक बुराई दूर होती जा रही है।

जाति प्रथा की कुछ विशेषताएँ भी हैं। श्रम विभाजन पर आधारित होने के कारण इससे श्रमिक वर्ग अपने कार्य मे निपुण होता गया, क्योकि श्रम विभाजन का यह काम पीढियो तक चलता रहा था। इससे भविष्य चुनाव की समस्या और बेरोजगारी की समस्या भी दूर हो गई।

तथापि जाति प्रथा मुख्यत: एक बुराई ही है। इसके कारण संकीर्णना की भावना का प्रसार होता है और सामाजिक, राष्ट्रीय एकता मे बाधा आती है जो कि राष्ट्रीय और आर्थिक प्रगति के लिए आवश्यक है। बड़े पेमाने के उद्योग श्रमिको के अभाव मे लाभ प्राप्त नही कर सकते।

जाति प्रथा में बेटा जन्म से ही पिता के व्यवसाय को अपनाता है, इस व्यवस्था मे पेशे के परिवर्तन की संभावना बहुत कम हो जाती है। जाति प्रथा से उच्च श्रेणी के मनुष्यों में शारीरिक श्रम को निम्न समझने की भावना आ गई है।

विशिष्टता की भावना उत्पन्न होने के कारण प्रगति कार्य धीमी गति से होता है। यह खुशी की बात है कि इस व्यवस्था की जड़ें अब ढीली होती जा रही है।

वर्षो से शोषित अनुसूचित जाति के लोगो के उत्थान के लिए बाबा साहब डॉ. अम्बेडकर रचित संबिधान में नियत आदेशों के कारण सरकार उच्च स्तर पर कार्य कर रही है। संविधान द्वारा उनको विशेष अधिकार दिए जा रहे है। उन्हे

सरकारी पदो और शैक्षणिक संस्थानो मे प्रवेश प्राप्ति मे प्राथमिकता और छूट दी जाती है। आज की पीढी का प्रमुख कर्त्तव्य जाति व्यवस्था को समाप्त करना है क्योकि इसके कारण समाज मे असमानता, एकाधिकार, विद्वेष आदि दोष उत्पन्न हो जाते है।

वर्गहीन एवं गतिवान समाज की रचना के लिए अन्तर्जातीय भोज और अंतरजातीय विवाह होने चाहिए। इससे भारत की उन्नति होगी और भारत ही समतावादी राष्ट्र के रूप मे उभर सकेगा। समाज में जातिविहीन रचना के लिए उच्च व निम्न जाति का भेद मिटाकर हर जाति में रोटी बेटी का संबंम्ध स्थापित होना चाहिए तभी इस बुराई से पीछा छूट सकता है।

(६)

वर्णवाद या जातिवाद

वर्ण-व्यवस्था

हिन्दू धर्म में सामाजिक कार्योन्नति (ऊन्नति) का एक आधार है। हिंदू धर्म ग्रंथों के अनुसार समाज को चार वर्णों के कार्यों से समाज का स्थायित्व दिया गया है।

1) ब्राह्मण (शिक्षा सम्बन्धी कार्य),
2) क्षत्रिय (शत्रु से रक्षा),
3) वैश्य (वाणिज्य) और
4) शूद्र (उद्योग व कला) ।

इसमे सभी वर्णों को उनके कर्म में श्रेष्ठ माना गया है। शिक्षा के लिए ब्राह्मण श्रेष्ठ, सुरक्षा करने मे क्षत्रिय श्रेष्ठ, वैश्य व शूद्र उद्योग करने मे श्रेष्ठ। वैश्य व शूद्र वर्ण को बाकी सब वर्ण को पालन करने के लिए राष्ट्र का आधारभूत संरचना उद्योग व कला (कारीगर) करने का प्रावधान इन धर्म ग्रंथो मे किया गया है।

वे सभी जो सुस्त हैं, विनम्र हैं, सत्कर्मों में लगे हैं, सुदन्त है, आत्मसंयम का जीवन जीते हैं, वे सभी परिनिवृत हैं, चाहे वे क्षत्रिय हों , ब्राह्मण हों, वैश्य हों, शूद्र हों। (सुत्तनिपात)

वर्ण एक अवस्था है। शास्त्रों के अनुसार प्रत्येक व्यक्ति शूद्र पैदा होता है और प्रयत्न और विकास से अन्य वर्ण अवस्थाओं में पहुंचता है। वास्तव में प्रत्येक में चारों वर्ण स्थापित हैं। इस व्यवस्था को **वर्णाश्रम धर्म** कहते हैं।

जाति समस्या है प्रगति में बाधक

निःसंदेह जाति प्रथा एक सामाजिक कुरीति है। ये विडंबना ही है कि देश को आजाद हुए सात दशक से भी अधिक समय बीत जाने के बाद भी भारतीय समाज जाति प्रथा के चंगुल से मुक्त नहीं हो पाएं हैं। हालांकि एक लोकतांत्रिक देश के नाते संविधान के अनुच्छेद 14-15 में राज्य के द्वारा धर्म, मूलवंश, जाति, लिंग, जन्म स्थान के आधार पर नागरिकों के प्रति जीवन के किसी क्षेत्र में भेदभाव नहीं किए जाने की बात कही गई है।

जाति प्रथा न केवल हमारे मध्य वैमनस्यता को बढ़ाती है बल्कि ये हमारी एकता में भी दरार पैदा करने का काम करती है। जाति प्रथा प्रत्येक मनुष्य के मस्तिष्क में बचपन से ही ऊंच नीच, उत्कृष्टता निकृष्टता के बीज बो देती है। जाति श्रम की प्रतिष्ठा की संकल्पना के विरुद्ध कार्य करती है और ये हमारी दासता का मूल कारण रही है।

जाति प्रथा से आक्रांत समाज की कमजोरी विस्तृत क्षेत्र में एकता को स्थापित नहीं करा पाती तथा यह देश पर किसी बाहरी आक्रमण के समय एक बड़े वर्ग को हतोत्साहित करती है। स्वार्थी राजनीतिज्ञों के कारण जातिवाद ने पहले से भी अधिक भयंकर रूप धारण कर लिया है, जिससे सामाजिक कटुता बढ़ी है।

भारत में समाज नाम की कोई चीज नहीं, भारतीय हिन्दू समाज जातियों का जमावड़ा है। जिसके कारण यहां समाज जैसी किसी संकल्पना का उदय नहीं हो सका और जाति को ही समाज मान लिया गया। जाति व्यवस्था में 'भारतीय समाज' की संकल्पना बेमानी ही होगी।

बाबा साहब डॉ. अंबेडकर के जाति उन्मूलन के सपने को पूरा कर पाने में आत्ममुग्ध अंबेडकरवादी न सिर्फ नाकाम रहे हैं, बल्कि अपनी अपनी जातियों के पक्ष में मजबूती से खड़े भी दिखाई देते हैं। ये जातिवाद को गरियाते जरूर हैं पर अपनी जाति को छोड़ने से परहेज भी रखते हैं।

जातिवाद के चिन्ह

जातिवाद में शोषण की संभावना बहुत बढ़ जाती है इस से कोई एक उच्च जाति, ऊंची तो कोई एक जाति नीची बन जाती है, इस तरह से कम शक्ति वाली जाति का शोषण होने लगता है और इस उच्च नीच के निर्धारण के लिए कोई क्षेत्र भी नहीं होता।

जैसे जाति आधारित वर्गीकरण के लिए पैसा विद्या और कर्म अब तक मुख्य कारण रहे हैं, जिसमें ब्राह्मण क्षत्रिय वैश्य स्वत: सवर्ण में आ गए और बाकी सभी जातियां इनके शोषण का शिकार होने लगे।

जातिवाद के परिणाम

जातिवाद असमानता और अन्याय आधारित है, जातिवाद को सिस्टम का हिस्सा कहना गलत होगा, वास्तव में ये वो राक्षस है जो समाज को निगल रहा है, इस कारण लोकतंत्र भी मजाक बनके रह गया है

अभी के समय में भारत की हर जाति के समाज में द्वेष की संभावना प्रबल है, जिसमें एक जाति दूसरी जाति को अपमानित करना या सम्मान की दृष्टि से देखना और इसका कारण दोनों ही समाज में दूरियों को देखा जाना बहुत ही आम विषय है, और सामाजिक स्तर पर गौर करें तो जातिवादी विचारधारा के कारण ही ऑनर किलिंग केस बढ़ने लगे हैं। इसमें जाति से बाहर विवाह करने पर युवक की हत्या कर दी जाती है, और यदि इससे बच जाए तो उस परिवार को समाजिक तिरस्कार का सामना करना पड़ता है

स्वतंत्रता प्राप्ति के पश्चात भारतीय राजनीति का आधुनिक स्वरूप विकसित हुआ। ऐसा माना जाने लगा था कि देश में लोकतांत्रिक व्यवस्था स्थापित हो जाने के बाद जातिवाद स्वतः ही समाप्त हो जाएगा। किन्तु ऐसा नहीं हुआ। इस धारणा के विपरीत स्वतंत्र भारत ने न केवल समाज में ही वरन राजनीति में भी उग्रवाद से प्रवेश कर लिया। स्वतंत्रता के बाद भी जातिवाद ने भारतीय राजनीतिक व्यवस्था में महत्वपूर्ण भूमिका अदा की।

परम्परागत भारतीय समाज में आधुनिक राजनीतिक संस्थाओं की स्थापना भारतीय राजनीति की एक अद्भुत विशेषता थी। लोकतंत्र के साथ इनकी स्थापना के साथ ही यह धारणा बनी थी कि धीरे धीरे जातिवाद का अंत हो जाएगा। अपेक्षा के विपरीत समय के साथ पश्चिमी आधुनिक लोकतान्त्रिक राजनीतिक संस्थाओं की स्थापना के बावजूद जातिवाद अनवरत बढ़ता रहा।

(७)

भगवान बुद्ध के पूर्व जातिवाद

धर्म की गलत व्याखाओं का दौर प्राचीन समय से ही जारी है। ऋषि वेद व्यास ब्राह्मण नहीं थे, जिन्होंने पुराणों की रचना की। तब से ही वेद हाशिये पर धकेले जाने लगे और समाज में जातियों की शुरुआत होने लगी। क्या हम शिव को ब्राह्मण कहें? विष्णु कौन से समाज से थे और ब्रह्मा की कौन सी जाति थी? क्या हम कालीका माता और भैरव को दलित समाज का मानकर पूजना छोड़ दें?

आज के शब्दों का इस्तेमाल करें तो ये लोग दलित थे। ऋषि कवास इलूसू, ऋषि वत्स, ऋषि काकसिवत, महर्षि वेद व्यास, महर्षि महिदास अत्रैय, महर्षि वाल्मीकि, हनुमानजी के गुरु मातंग ऋषि आदि ऐसे महान वेदज्ञ हुए हैं जिन्हें आज की जातिवादी व्यवस्था दलित वर्ग का मान सकती है।

ऐसे हजारों नाम गिनाएं जा सकते हैं जो सभी आज के दृष्टिकोण से दलित थे। वेद को रचने वाले, स्मृतियों को लिखने वाले और पुराणों को गढ़ने वाले ब्राह्मण नहीं थे।

अक्सर जातिवाद, छुआछूत और सवर्ण, दलित वर्ग के मुद्दे को लेकर धर्मशास्त्रों को भी दोषी ठहराया जाता है, लेकिन यह बिल्कुल ही असत्य नहीं है। इस मुद्दे पर धर्म शास्त्रों में क्या लिखा है यह जानना बहुत जरूरी है।

कर्म का विभाजन

वेद या स्मृति में श्रमिकों को चार वर्गो, ब्राह्मण, क्षत्रिय, वैश्य व शूद्र में विभक्त किया गया है, जो मनुष्यों की स्वाभाविक प्रकृति पर आधारित था। यह विभक्तिकरण कतई जन्म पर आधारित नहीं था।

आज बहुत से ब्राह्मण व्यापार कर रहे हैं उन्हें ब्राह्मण कहना गलत हैं? ऐसे कई क्षत्रिय और दलित हैं जो आज धर्म कर्म का कार्य करते हैं तब उन्हें कैसे क्षत्रिय या दलित मान लें?

प्राचीन काल में ब्राह्मणत्व या क्षत्रियत्व को वैसे ही अपने प्रयास से प्राप्त किया जाता था, जैसे कि आज वर्तमान में एमए, एमबीबीएस आदि की डिग्री प्राप्त करते हैं। जन्म के आधार पर एक पत्रकार के पुत्र को पत्रकार, इंजीनियर के पुत्र को इंजीनियर, डॉक्टर के पुत्र को डॉक्टर या एक आईएएस, आईपीएस अधिकारी के पुत्र को आईएएस अधिकारी नहीं कहा जा सकता है, जब तक की वह आईएएस की परीक्षा नहीं दे देता। ऐसा ही उस काल में गुरुकुल से जो जैसी भी शिक्षा लेकर निकलता था उसे उस तरह की पदवी दी जाती थी।

भारतीय समाज को मोटे तौर पर चार जातियों के लोगों में वर्गीकृत किया गया है, ब्राह्मण, क्षत्रिय, वैश्य और शूद्र। ब्राह्मण उच्च वर्ग के हैं। प्राचीन काल में, ये लोग पुरोहिती गतिविधियों में शामिल थे और लोग इनके लिए बहुत सम्मान रखते थे। क्षत्रिय शासक और योद्धा थे। उन्हें बहादुर और शक्तिशाली माना जाता था और केवल ब्राह्मणों के बगल में देखा जाता था।

वैश्य आगे आए। ये लोग खेती, व्यापार और व्यवसाय से जुड़े थे। शूद्र सबसे नीची जाति के थे। इस जाति से संबंधित लोग मजदूर थे। पाँचवीं जाति भी थी। इन लोगों को अछूत माना जाता था और उन्हें इंसानों की तरह भी नहीं माना जाता था। हालाँकि, लोगों ने इन दिनों अलग अलग पेशों को संभाल लिया है लेकिन जन्म आधारित जाति व्यवस्था समाज में अभी भी मौजूद है।

भारत में जाति व्यवस्था प्राचीन काल के दौरान अस्तित्व में आई थी और अभी भी समाज में मजबूती से जमी हुई है। हालांकि, यह कहना गलत नहीं होगा कि लोगों की मानसिकता समय के साथ बदल रही है। यह विशेष रूप से महानगरीय शहरों में रहने वाले लोगों के लिए अच्छा है। पढ़े लिखे बहुत अधिक स्वीकार करने वाले बन रहे हैं और सदियों से परिभाषित कठोर जाति व्यवस्था से नहीं चिपके हैं। हमारे कानूनों में संशोधन ने आधुनिक भारतीय समाज में इस संबंध में एक बदलाव लाया है।

भारत में जातिवाद की उत्पत्ति:

मनुस्मृति के अनुसार, हिंदू धर्म, जातिवाद पर प्राचीन पाठ 1,000 ईसा पूर्व में अस्तित्व में आया था। दूसरी ओर, हिंदू धर्मशास्त्रियों के अनुसार, इस प्रणाली को ब्रह्मा द्वारा पेश किया गया था जो ब्रह्मांड का निर्माता है।

हिंदू धर्मशास्त्रियों का मानना है कि भगवान ब्रह्मा के सिर से आए लोग पुजारी या शिक्षक बन गए, जो लोग उनके हाथ से आए वे योद्धा या शासक बन गए, जो लोग उनकी जांघों

से आए थे वे मजदूर या किसान बन गए थे, जबकि उनके पैरों से आए लोगों को निम्न कार्यों में लिप्त कराया गया और सफाई आदि निम्न कार्य करने को दिया।

'रंग' बना जाति का 'जहर'

वर्ण का अर्थ होता है रंग। रंग अर्थात गोरा, काला, गेहूंआ और लाल। रंगों का सफर कर्म से होकर आज की तथाकथित जाति व्यवस्था पर आकर पूर्णत: विकृत हो चला है। आर्य काल में ऐसी मान्यता थी कि जो श्वेत रंग का है वह ब्राह्मण, जो लाल रंग का है वह क्षत्रिय, जो काले रंग का है वह क्षुद्र और जो मिश्रित रंग का होता था उसे वैश्य माना जाता था।

यह विभाजन लोगों की पहचान और मनोविज्ञान के आधार पर किए जाते थे। इसी आधार पर कैलाश पर्वत की चारों दिशाओं में लोगों का अलग अलग समूह फैला हुआ था। काले रंग का व्यक्ति भी आर्य होता था और श्वेत रंग का भी। विदेशों में तो सिर्फ गोरे और काले का भेद है किंतु भारत देश में चार तरह के वर्ण (रंग) माने जाते थे। जैसे चांदी, सोना, तांबा और लौहा।

पहले हम यक्ष और रक्ष थे, फिर हम देव (सूर) और दैत्य (असुर) में बदल गए। फिर ब्राह्मण और श्रमण में, फिर वैष्णव और शैव में बदल गए। इस दौरान लोगों ने अपने अपने वंश चलाएं। फिर ये वंश समाज में बदल गए जिसे धर्म ने नहीं अपने हितों की रक्षा के लिए राजाओं ने बदला समाज। जैसा कि आज के राजनीतिज्ञ कर रहे हैं।

प्राचीनकाल में जातियों के प्रकार अलग होते थे। जातियां होती थी द्रविड़, मंगोल, शक, हूण, कुशाण आदि। आर्य जाति नहीं थी बल्कि उन लोगों का समूह था जो सामुदायिक और कबीलाई संस्कृति से निकलकर सभ्य होने के प्रत्येक उपक्रम में शामिल थे और जो सिर्फ वेद पर ही कायम थे।

रक्त की शुद्धता :

प्राचीनकाल में श्वेत लोगों का समूह श्वेत लोगों में ही रोटी और बेटी का संबंध रखता था। पहले रंग, नाक नक्श और भाषा को लेकर शुद्धता बरती जाती थी। किसी समुदाय, कबीले, समाज या अन्य भाषा का व्यक्ति दूसरे कबीले की स्त्री से विवाह कर लेता था तो उसे उस समुदाय, कबीले, समाज या भाषायी लोगों के समूह से बहिष्कृत कर दिया जाता था। उसी तरह जो कोई श्वेत रंग का व्यक्ति काले रंग की लड़की से विवाह कर लेता था तो उस उक्त समूह के लोग उसे बहिष्कृत कर देते थे। कालांतर में बहिष्कृत लोगों का भी अलग समूह और समाज बनने लगा। लेकिन इस तरह के भेदभाव का संबंध धर्म से कतई नहीं माना जा सकता। यह समाजिक चलन, मान्यता और परम्पराओं का हिस्सा हैं। जैसा कि आज लोग अनोखे विवाह करने लगे हैं...गे या लेस्बियन। क्या इस तरह के विवाह को धर्म का हिस्सा माने। लोग बनाते हैं समाज और जाति समूह बदलते भी वही है।

रंग बना कर्म :

कालांतर में वर्ण अर्थात रंग का अर्थ बदलकर कर्म होने लगा। स्मृति काल में कार्य के आधार पर लोगों को ब्राह्मण,

क्षत्रिय, वैश्य या क्षुद्र कहा जाने लगा। वेदों का ज्ञान प्राप्त कर ज्ञान देने वाले को ब्राह्मण, क्षेत्र का प्रबंधन और रक्षा करने वाले को क्षत्रिय, राज्य की अर्थव्यवस्था व व्यापार को संचालित करने वाले को वैश्य और राज्य के अन्य कार्यों में दक्ष व्यक्ति को क्षुद्र अर्थात सेवक कहा जाने लगा। कोई भी व्यक्ति अपनी योग्यता अनुसार कुछ भी हो सकता था। जैसा कि आज बनता है कोई सोल्जर्स, कोई अर्थशास्त्री, कोई व्यापारी और कोई शिक्षक।

योग्यता के आधार पर इस तरह धीरे-धीरे एक ही तरह के कार्य करने वालों का समूह बनने लगा और यही समूह बाद में अपने हितों की रक्षा के लिए समाज में बदलता गया। उक्त समाज को उनके कार्य के आधार पर पुकारा जाने लगा। जैसे की कपड़े सिलने वाले को दर्जी, कपड़े धोने वाले को धोबी, बाल काटने वाले को नाई, शास्त्र पढ़ने वाले को शास्त्री आदि।

कर्म का बना जाति :

ऐसे कई समाज निर्मित होते गए जिन्होंने स्वयं को दूसरे समाज से अलग करने और दिखने के लिए नई परम्पराएं निर्मित कर ली। जैसे कि सभी ने अपने-अपने कुल देवता अलग कर लिए। अपने-अपने रीति-रिवाजों को नए सिरे से परिभाषित करने लगे, जिन पर स्थानीय संस्कृति का प्रभाव ही ज्यादा देखने को मिलता है। उक्त सभी की परंपरा और विश्वास का सनातन हिन्दू धर्म से कोई संबंध नहीं।

स्मृति के काल में कार्य का विभाजन झरने हेतु वर्ण व्यवस्था को व्यवस्थित किया गया था। जो जैसा कार्य करना

जानता हो, वह वैसा ही कार्य करें, जैसा की उसके गुण और स्वभाव में है तब उसे उक्त वर्ण में शामिल समझा जाए।

इस व्यवस्था को ही जाति व्यवस्था या सामाजिक व्यवस्था समझा जाता था। गुण, कर्म और स्वभाव के अनुसार ही कर्म का निर्णय होना होता था, जिसे जाति मान लिया गया था। वर्ण का अर्थ समाज या जाति से नहीं वर्ण का अर्थ स्वभाव और रंग से माना जाता रहा है।

वर्णाश्रम किसी काल में अपने सही रूप में था, लेकिन अब इसने जाति और समाज का रूप ले लिया है, जो कि अनुचित है। प्राचीनकाल में किसी भी जाति, समूह या समाज का व्यक्ति ब्राह्मण, क्षत्रिय, वैश्य या दास बन सकता था। जैसे चार मंजिल के भवन में रहने वाले लोग ऊपर-नीचे आया-जाया करते थे। जो ऊपर रहता था वह नीचे आना चाहे तो आ जाता था और जो नीचे रहता था वह अपनी योग्यतानुसार ऊपर जाना चाहे, तो जा सकता था। लेकिन जबसे ऊपर और नीचे आने-जाने की सीढ़ियां टूट गई हैं, तब से ऊपर का व्यक्ति ऊपर और नीचे का नीचे ही रहकर विकृत मानसिकता का हो गया है।

मनु स्मृति क्या है?

मनु स्मृति विश्व में समाज शास्त्र के सिद्धान्तों का प्रथम ग्रंथ है। जीवन से जुड़े सभी विषयों के बारे में मनु स्मृति के अन्दर उल्लेख मिलता है। समाज शास्त्र के जो सिद्धान्त मनु स्मृति में दर्शाए गए हैं वह सभी संसार की सभी सभ्य जातियों में समय के साथ-साथ थोड़े परिवर्तनों के साथ मान्य हैं।

मनु स्मृति में सृष्टि पर जीवन आरम्भ होने से ले कर विस्तरित विषयों के बारे में जैसे कि समय-चक्र, वनस्पति ज्ञान, राजनीति शास्त्र, अर्थ व्यवस्था, अपराध नियन्त्रण, प्रशासन, सामान्य शिष्टाचार तथा सामाजिक जीवन के सभी अंगों पर विस्तरित जानकारी दी गई है।

समाजशास्त्र पर मनु स्मृति से अधिक प्राचीन और सक्षम ग्रंथ अन्य किसी भाषा में नहीं है। इसी ग्रंथ के आधार पर दुनिया के संविधानों का निर्माण हुआ और दूसरे धर्मों के धार्मिक कानून बनाए गए। यही कारण था कि इस ग्रंथ की प्रतिष्ठा धूल में मिलाने के लिए अंग्रेजों और विधर्मियों ने इसके बारे में भ्रम फैलाया।

(८)

ब्राह्मणवाद और मनुवाद क्या है?

मनु के बारे में दूसरा भ्रम मनु संहिता को मनुवाद बना देना है। दरअसल यह मनुवाद शब्द पिछले 70 वर्षों में प्रचारित किया गया शब्द है। संहिता और वाद में बहुत अंतर होता है। संहिता का आधार आदर्श नियमों से होता है जबकि वाद दर्शनशास्त्र का विषय है। जैसे अणुवाद, सांख्यवाद, मार्क्सवाद, गांधीवाद आदि।...कुछ लोग मानते हैं कि बाबा साहब डॉ. अम्बेडकर ने जिस तरह संविधान लिखा उसी तरह प्राचीनकाल में राजा स्वायंभुव मनु ने 'मनु स्मृति' लिखी। जिस तरह

संविधान में संशोधन होते गए उसी तरह हर काल में 'मनु स्मृति' में सुविधा अनुसार हेरफेर होते गए जिससे आज उसे इस कुटिल रूप में देखा जाता है।

ब्राह्मणवाद क्या है?

जिस तरह मनुवाद जैसा कोई वाद नहीं है उसी तरह ब्राह्मणवाद भी कोई वाद नहीं। लेकिन कुछ लोग कहते हैं कि किसी नियम, कानून या परम्परा के तहत जब किसी व्यक्ति को उसकी जाति, धर्म, कुल, रंग, नस्ल, परिवार, भाषा, प्रांत विशेष में जन्म के आधार पर ही किसी कार्य के लिए योग्य या अयोग्य मान लिया जाए तो वह ब्राह्मणवाद कहलाता है। जैसे पुजारी बनने के लिए ब्राह्मण कुल में पैदा होना। ब्राह्मणवाद के बारे में आम जनता की सोच यहीं तक सीमित है।

।।जन्मना जायते शूद्र:, संस्कारादृ द्विज उच्यते। -मनुस्मृति

अर्थात मनुष्य शूद्र (छोटा) के रूप में उत्पन्न होता है तथा संस्कार से ही द्विज (दूसरा जन्म लेने वाला) बनता है। इस द्विज को कई लोग ब्राह्मण जाति का मानते हैं लेकिन कई ब्राह्मण द्विजधारी नहीं है।

मनुस्मृति का वचन है-'

विप्राणं ज्ञानतो ज्येष्ठम् क्षत्रियाणं तु वीर्यत:।'

अर्थात ब्राह्मण की प्रतिष्ठा ज्ञान से है तथा क्षत्रिय की बल वीर्य से। जावालि का पुत्र सत्यकाम जाबालि अज्ञात वर्ण होते हुए भी सत्यवक्ता होने के कारण ब्रह्म विद्या का अधिकारी समझा गया।

शस्त्रों में जाति का विरोध :

ऋग्वेद, रामायण एवं श्रीमन्द्रागवत गीता में जन्म के आधार पर ऊँची व निचली जाति का वर्गीकरण, अछूत व दलित की अवधारणा को वर्जित किया गया है। जन्म के आधार पर जाति का विरोध ऋग्वेद के पुरुष-सुक्त (X.90.12), व श्रीमन्द्रागवत गीता के श्लोक (IV.13), (XVIII.41) में मिलता है।

ऋग्वेद की ऋचाओं में लगभग 414 ऋषियों के नाम मिलते हैं जिनमें से लगभग 30 नाम महिला ऋषियों के हैं। इनमें से एक के भी नाम के आगे जातिसूचक शब्द का इस्तेमाल नहीं हुआ है जैसा की वर्तमान में होता है-चतुर्वेदी, सिंह, गुप्ता, अग्रवाल, यादव, सूर्यवंशी, ठाकुर, धनगर, शर्मा, अयंगर, श्रीवास्तव, गोस्वामी, भट्ट, बट, सांगते आदि। वर्तमान जाति व्यवस्था के मान से उक्त सभी ऋषि-मुनि किसी भी जाति या समाज के हो सकते हैं।

अगर ऋग्वेद की ऋचाओं व गीता के श्लोकों को गौर से पढ़ा जाए तो साफ परिलक्षित होता है कि जन्म आधारित जाति व्यवस्था का कोई आधार नहीं है। मनुष्य एक है। जो हिंदू जाति व्यवस्था को मानता है वह वेद विरुद्ध कर्म करता है। धर्म का अपमान करता है। सनातन हिंदू धर्म मानव के बीच किसी भी प्रकार के भेद को नहीं मानता। उपनाम, गोत्र, जाति आदि यह सभी कई हजार वर्ष की परंपरा का परिणाम है।

जन्मना जायते क्षुद्र:, संस्काराद् द्विज उच्यते। - मनुस्मृति

भावार्थ : महर्षि मनु महाराज का कथन है कि मनुष्य क्षुद्र के रूप में उत्पन्न होता है तथा संस्कार से ही द्विज बनता है।

व्याख्या : मनुष्य जन्म से ही क्षुद्र अर्थात छोटा होता है लेकिन अपने संस्कारों से ही वह द्विज अर्थात दूसरा जन्म धारण करता है। दूसरे जन्म से तात्पर्य वह वैश्य, क्षत्रिय या ब्रह्मण बनता है या इनसे भी श्रेष्ठ वह ऋषि हो जाता है।

ब्रह्म धारय क्षत्रं धारय विशं धाराय' (यर्जुवेद 38-14)

भावार्थ : हमारे हित के लिए ब्राह्मण, क्षत्रिय और वैश्यों को धारण करो।

व्याख्या : अर्थात मनुष्य अपने हित हेतु ही ब्राह्मण, क्षत्रिय या वैश्य के वरण को धारण करता है।

श्लोक : उस विराट पुरुष (ईश्वर) के ब्राह्मण मुख हैं, क्षत्रिय भुजाएँ हैं, वैश्य उरू हैं और शुद्र पैर हैं। अर्थात चरण वंदन उस परम पिता परमात्मा के पैरे को शुद्र माना गया है जिसकी हम वंदना करते हैं। (यर्जुवेद 31-11)

चातुर्वर्ण्य मया सृष्टां गुणकर्मविभागशः।

भावार्थ : मैंने गुण, कर्म के भेद से चारों वर्ण बनाए। महाभारत काल में वर्ण-व्यवस्था को गुण और कर्म के अनुसार परिभाषित किया गया है। चारों वर्णों के कर्तव्य अनेक स्थलों पर बतलाए गए हैं। सारे वर्ण अपने-अपने वर्णानुसार कर्म करने में तत्पर रहते थे और इस प्रकार आचरण करने से धर्म का ह्रास नहीं होता था।- महाभारत आदि पर्व 64/8/24-34)

मनुस्मृति का वचन है-

'विप्राणं ज्ञानतो ज्येष्ठम् क्षत्रियाणं तु वीर्यतः।'

अर्थात् ब्राह्मण की प्रतिष्ठा ज्ञान से है तथा क्षत्रिय की बल वीर्य से। जावालि का पुत्र सत्यकाम जाबालि अज्ञात वर्ण होते हुए भी सत्यवक्ता होने के कारण ब्रह्म-विद्या का अधिकारी समझा गया।

अतः जाति व्यवस्था की संकीर्णता छोड़ दें। गुण, कर्म और स्वभाव के अनुसार ही वर्ण का निर्णय होना होता है, जिसे जाति मान लिया गया है। वर्ण का अर्थ समाज या जाति से नहीं वर्ण का अर्थ स्वभाव और रंग से माना जाता रहा है।

स्मृति के काल में कार्य का विभाजन करने हेतु वर्ण व्यवस्था को व्यवस्थित किया गया था। जो जैसा कार्य करना जानता हो, वह वैसा ही कार्य करें, जैसा की उसके स्वभाव में है तब उसे उक्त वर्ण में शामिल समझा जाए। आज इस व्यवस्था को जाति व्यवस्था या सामाजिक व्यवस्था समझा जाता है।

कालांतर में कुछ व्यक्ति योग्यता या शुद्धाचरण न होते हुए भी स्वयं को ऊँचा या ऊँची जाति का और पवित्र मानने लगे हैं और कुछ अपने को नीच और अपवित्र समझने लगे हैं। बाद में इस समझ को क्रमशः बढ़ावा मिला मुगल काल, अंग्रेज काल और फिर भारत की आजादी के बाद भारतीय राजनीति के काल में जो अब विराट रूप ले चुका है। धर्मशास्त्रों में क्या लिखा है यह कोई जानने का प्रयास नहीं करता और मंत्रों तथा सूत्रों की मनमानी व्याख्या करता रहता है।

जाति तोड़ों समाज जोड़ों-

हमारे यहाँ अनेकों जाति की अब तो अनेक उपजातियाँ तक बन गई है। तथाकथित ब्राह्मण समाज में ही दो हजार आंतरिक भेद माने गए हैं। केवल सारस्वत ब्राह्मणों की ही 469 के लगभग शाखाएँ हैं। क्षत्रियों की 990 और वैश्यों तथा क्षुद्रों की तो इससे भी अधिक उपजातियाँ है। अपने-अपने इस संकुचित दायरे के भीतर ही विवाह होते रहते हैं। जिसका परिणाम यह हुआ है कि भारत की सांस्कृतिक एकता टूट गई। जब कोई एकता टूटती है तभी उसको जोड़ने के प्रयास भी होते हैं। आज समय है की हम जातिवाद की बेड़ी को तोड़कर समाज को एक सूत्र में जोड़ें तभी हम उन्नत होंगे।

(९)

सम्राट अशोक मौर्य के शासन के बाद जातिवाद

अशोक की धम्म नीति पर देशी विदेशी विद्वानों ने बहुत अध्ययन मनन किया है और उसकी गिनती दुनिया के महानतम शासकों में की गयी है।

उस पुराने जमाने में उसने राज्य के आदर्श को बौद्ध धम्म में केंद्रित कर दिया। उसने राज्य-विस्तार की योजनाएं नहीं बनायीं और कलिंग के बाद कोई युद्ध नहीं किया। यह सब सच है।

लेकिन सच यह भी है कि अब और कोई युद्ध करना दिख भी नहीं रहा था। इसलिए उसने शांति की नीति अपनायी, उत्तर-पश्चिम से लेकर दक्षिण के थोड़े-से इलाके को छोड़ कर सुदूर इलाकों तक मौर्य साम्राज्य का परचम लहरा रहा था। कलिंग अब इसमें शामिल था।

इतिहासकार रोमिला थापर कहती हैं *"अशोक निस्संदेह बौद्ध मत की ओर आकर्षित हुआ था और बौद्ध सिद्धांतों पर आचरण भी करने लगा था। लेकिन उसके समय का बौद्ध मत मात्र एक धार्मिक विश्वास नहीं था, अपितु अनेक स्तरों पर वह एक सामाजिक और बौद्धिक आंदोलन भी था, जिसने समाज के अनेक पक्षों को प्रभावित किया था। ऐसी स्थिति में किसी भी कुशल राजनेता को इस आंदोलन के संपर्क में आना ही पड़ता।"*

तक्षशिला के विद्रोह को उसने स्वयं दबाया था और कलिंग ने उसके दांत खट्टे कर दिए थे। अन्य स्थानीय शक्तियां बार-बार सिर उठाती थीं और सीमा पार भी यवन और अन्य शक्तियां निरंतर सक्रिय थीं। इन्हीं स्थितियों में 36 साल शासन करने के उपरांत 232 ईसापूर्व में वह 'निर्वाण' प्राप्त कर गया।

जैसा कि पहले ही बता चुका हूँ, उसकी मौत सम्राट के तौर पर हुई। उसने किसी को उत्तराधिकारी नहीं बनाया था। बौद्ध ग्रंथ दिव्यावदान ने अशोक के आखिरी समय का जो वर्णन किया है उसके आधार पर कहा जा सकता है कि वह विक्षिप्त हो चुका था। उस वर्णन के अनुसार अशोक ने एक बड़ी राशि बौद्ध संघ को दान देने की ठान ली थी। संभव है कुछ अतिशयोक्ति हो, लेकिन कहते है यह राशि एक सौ करोड़ थी। उसने 96 करोड़ तो दान कर दिए थे, लेकिन चार करोड़ की राशि शेष थी।

अशोक जब आखिरी दिनों में आया और उसे अनुभव होने लगा कि अपनी प्रतिज्ञा पूरी किये बिना ही मैं 'निर्वाण' प्राप्त कर जाऊंगा तो उसने अपने राज्य को ही दान कर दिया। उसने यह सोच लिया था कि बौद्ध-संघ जनता के कल्याण और राज्य की सुरक्षा की जिम्मेदारी संभाल लेगा?

बिन्दुसार की मृत्यु के बाद अमात्यों ने हस्तक्षेप करके जिस तरह अशोक को राजा बनाया था, एकबार फिर वैसा ही हुआ। एक बार फिर अमात्यों की चली। कहते हैं अमात्यों ने चार करोड़ रुपये इकट्ठा किये और उसे संघ को देकर बंधक बने राज्य को मुक्त किया।

अशोक के बाद मगध साम्राज्य कई भागों में विभक्त हो गया। जैसे पाटलिपुत्र पर दसरथ सत्ता पर काबिज होता है, लेकिन उज्जैन पर सम्पदि और कश्मीर पर इसी वंश का जालौक स्वतंत्र शासक बन जाता है। ये सब मौर्य ही थे और कहा जा सकता है कि पूरे भारत में मौर्य शासन ही था, लेकिन

पाटलिपुत्र की सत्ता सिमट गयी थी। उत्तर-पश्चिम के बड़े हिस्से पर यवन ताकतें कब्ज़ा जमा चुकी होती हैं।

अशोक के बाद के सैंतालीस वर्षों में किस राजा ने कितने समय तक शासन किया, दसरथ और उसके बेटे वृहदरथ या वृहद्रथ की चर्चा मगध के शासक के रूप में होती है। यह वृहदरथ ही था जिसके सेनापति ने धोखे से उसकी हत्या कर दी और सत्ता अपने हाथों में ले ली। हुआ यह कि सेनापति पुष्यमित्र ने अपने राजा वृहद्रथ को सेना के निरीक्षण के लिए आमंत्रित किया।

उत्तर-पश्चिम में यवनों की गतिविधियों को देखते हुए सेना को सतर्क रखना आवश्यक था। राजा वृहद्रथ जब सेना का निरीक्षण कर रहा था अचानक से पुष्यमित्र ने उस पर हमला कर दिया और उसे मार डाला।

निश्चित ही उसने सेना को इसके लिए विश्वास में लिया होगा। यह घटना 185 ईसापूर्व में हुई और इसके साथ ही 137 वर्षों तक भारत भूमि पर राज करने वाले इस राजवंश का हमेशा के लिए अंत हो गया। पाटलिपुत्र की राजनीति भी फिर कभी मौर्यों के गौरव को नहीं छू सकी।

पुष्यमित्र शुंग कौन था? इस पर कम ही चर्चा हुई है। सामान्य तौर पर इसे ब्राह्मण माना गया है, वह महत्वाकांक्षी और कुटिल प्रवृति का था इसमें कोई शक नहीं। वह संभवतः उस पतंजलि का शिष्य रहा था, जो योगसूत्र और पाणिनि के अष्टाध्यायी का भाष्यकार था। निश्चित ही वह विद्वान था, लेकिन यह भी तय है कि वह बौद्धों से नफरत करता था।

हर विद्वान संत भी नहीं होता। विद्वान व्यक्ति की कुटिलता सामान्य व्यक्ति से कहीं अधिक घातक होती है। उसके बुरे नतीजे बहुआयामी होते हैं। उसके शिष्य पुष्यमित्र में भी बौद्धों से नफरत का यह भाव था, जिसकी सूचना बौद्ध ग्रंथ ही देते हैं।

अनेक इतिहासकारों ने पुष्यमित्र शुंग की परिघटना को इस नजरिये से देखा है मानो वह बौद्धधर्म के विरुद्ध एक ब्राह्मण विद्रोह या क्रांति थी। मौर्य और उसके पूर्व के नन्द राजा वैदिक ब्राह्मण धर्म में यकीन नहीं करते थे और उनके झुकाव परिव्राजकों से जुड़े पंथ की ओर थे।

इन परिव्राजक पंथ में बौद्ध, जैन और आजीवक सम्प्रदाय के लोग थे। ये लोग वेदों में यकीन नहीं करते थे और लगभग निरीश्वरवादी थे। परलोक में कम ध्यान रखने के कारण आचरण की शुद्धता और सामाजिक मेलजोल की भावना पर जोर देते थे।

कोई भी राजा जब राजसत्ता में आता है, खास कर अचानक, जैसे पुष्यमित्र आया था, तो वह अपनी और अपने कृत्यों की हिफाजत के लिए धर्म का सहारा जरूर लेता है। पुष्यमित्र निश्चय ही भयभीत था। पाटलिपुत्र में उसने अपनी राजधानी नहीं रखी। उसने अपनी राजधानी विदिशा में बनाया।

निश्चय ही उसने बौद्धों के खात्मे के लिए सब कुछ किया। इसका एक कारण उसका पतंजलि के इशारे पर चलना हो सकता है। मगध के बौद्धों ने निश्चय ही उसका विरोध किया

होगा क्योंकि दोनों के सामूहिक स्वार्थ टकराते थे। इसलिए संभव है उसने बौद्ध विरोधी रुख बनाये रखा।

इसके लिए उसे वैदिक-ब्राह्मण संस्कृति के उन्नयन के लिए प्रयास करना था, लम्बे समय तक वेद-निरपेक्ष शासन रहने से वर्ण-व्यवस्था पर जोर नहीं दिया गया था। यह कमजोर हो चुकी थी और गाल बजाने वाले पण्डे-पुरोहितों के लिए समाज में कोई जगह नहीं रह गयी थी।

जब कोई जातिवाद या संप्रदायवाद प्रभावी होता है तब उसका असली लाभ इसी तलछट तबके को होता है। इसलिए अपनी महत्ता से ये अभिभूत हो समर्थन में खड़े हो जाते हैं। कहते हैं बौद्ध विद्वानों की हत्या के लिए उसने इनाम घोषित कर रखे थे। लेकिन इन सब के साथ उसने अनेक हिन्दू ग्रंथों का सम्पादन करवाया।

'मनुस्मृति' आज जिस रूप में है, उसका स्वरुप शायद इसी दौरान मिला। अन्य हिन्दू ग्रंथों की भी रचना हुई, और इस तरह उसने यह सिद्ध करने का प्रयास किया कि बौद्धों का जमाना गया। इस पर अधिक जोर देने के लिए उसने दो बार अश्वमेध यज्ञ किये, जो बीते जमाने की चीज हो गयी थी।

इस रूप में पुष्यमित्र प्रतिगामी सोच पर चल रहा था। उसने समाज की स्वाभाविक धारा को पलटने, उसे पुराने ढर्रे पर ले जाने की पूरी कोशिश की। इन कोशिशों का एक नतीजा तो यह निकला कि समाज के उत्पादक शूद्र तबके में नैराश्य आया। इससे ब्रह्मणवाद की नींव मजबूत हुयी और जातिवाद को पुनः प्रतिस्थापित किया गया। वह जातिवाद का क्रूरतम रूप था।

(१०)

मुगलकालीन जातिवाद

कुछ लोगों का मानना है कि भारत में इस्लाम का प्रचार प्रसार बहुत ही सौहार्दपूर्ण वातावरण में हुआ है। उनका यह भी कहना है की हिंदू समाज में छुआछात के कारण भारत में हिन्दुओं ने बड़ी मात्रा में इस्लाम को अपनाया। उनके शब्दों में –

"हिंदुओं के मध्य फैले रूढिगत जातिवाद और छुआछात के कारणवश खासतौर पर कथित पिछड़ी जातियों के लोग इस्लाम के साम्यभाव और भाईचारे की ओर आकृष्ट हुए और स्वेच्छापूर्वक इस्लाम को ग्रहण किया।"

हिन्दुओं में आदिकाल से गोत्र व्यवस्था रही है, वर्ण व्यवस्था भी थी, परन्तु जातियाँ नहीं थीं। वेद सम्मत वर्ण व्यवस्था समाज में विभिन्न कार्यों के विभाजन की दृष्टि से लागू थी। यह व्यवस्था जन्म पर आधारित न होकर सीधे-सीधे कर्म (कार्य) पर आधारित थी।

कोई भी वर्ण दूसरे को ऊँचा या नीचा नहीं समझता था. उदारणार्थ- अपने प्रारंभिक जीवन में शूद्र कर्म में प्रवृत वाल्मीकि जी जब अपने कर्मों में परिवर्तन के बाद पूजनीय

ब्राह्मणों के वर्ण में मान्यता पा गए तो वे तत्कालीन समाज में महर्षि के रूप में प्रतिष्ठित हुए।

श्री राम सहित चारों भाइयों के विवाह के अवसर पर जब जनकपुर में राजा दशरथ ने चारों दुल्हनों की डोली ले जाने से पहले देश के सभी प्रतिष्ठित ब्राह्मणों को दान और उपहार देने के लिए बुलाया था, तो उन्होंने श्री वाल्मीकि जी को भी विशेष आदर के साथ आमंत्रित किया था।

हिंदू समाज में मुगलों के आगमन से पहले ही जातियाँ अपने अस्तित्व में आ गयी थीं, परन्तु भारत की वर्तमान जातिप्रथा में छुआछूत का जैसा घिनौना रूप अभी देखने में आता है, वह निश्चित रूप से मुस्लिम आक्रान्ताओं की ही देन है।

कैसे? आरम्भ से ही मुसलमानों के यहाँ पर्दा प्रथा अपने चरम पर रही है। यह भी जगजाहिर है कि मुसलमान लड़ाकों के कबीलों में पारस्परिक शत्रुता रहा करती थी। इस कारण, कबीले के सरदारों व सिपाहियों की बेगमे कभी भी अकेली कबीले से बाहर नहीं निकलती थीं।

अकेले बाहर निकलने पर इन्हें दुश्मन कबीले के लोगों द्वारा उठा लिए जाने का भय रहता था। इसलिए, ये अपना शौच का काम भी घर में ही निपटाती थीं। उस काल में कबीलों में शौच के लिए जो व्यवस्था बनी हुई थी, उसके अनुसार घर के भीतर ही शौच करने के बाद उस विष्टा को हाथ से उठाकर घर से दूर कहीं बाहर फेंककर आना होता था।

मुगलों ने इस काम के लिए अपने दासों को लगा रखा था। जो व्यक्ति मैला उठाने के काम के लिए नियुक्त था, उससे फिर खान-पान से सम्बंधित कोई अन्य काम नहीं करवाते थे।

स्वाभाविक रूप से कबीले के दासो को ही विष्ठा (टट्टी) उठाने वाले काम में लगाया जाता था। कभी-कभी दूसरे लोगों को भी यह काम सजा के तौर पर करना पड़ जाता था। इस प्रकार, वह मैला उठाने वाला आदमी इस्लामी समाज में पहले तो निकृष्ट / नीच घोषित हुआ और फिर एकमात्र विष्ठा उठाने के ही काम पर लगे रहने के कारण बाद में उसे अछूत घोषित कर दिया गया।

वर्तमान में, हिंदू समाज में जाति-प्रथा और छूआछात का जो अत्यंत निंदनीय रूप देखने में आता है, वह इस समाज को मुस्लिम आक्रान्ताओं की ही देन है।

यह अकाट्य सत्य है कि मुसलमानों के आने से पहले घर में शौच करने और मैला ढोने की परम्परा सनातन हिंदू समाज में थी ही नहीं। जब हिंदू शौच के लिए घर से निकल कर किसी दूर स्थान पर ही दिशा मैदान के लिए जाया करते थे, तो विष्ठा उठाने का तो प्रश्न ही नहीं उठता। जब विष्ठा ढोने का आधार ही समाप्त हो जाता है, तो हिंदू समाज में अछूत कहाँ से आ गया?

हिन्दुओं के शास्त्रों में इन बातों का स्पष्ट रूप से उल्लेख किया गया है कि व्यक्ति को शौच के लिए गाँव के बाहर किस दिशा में कहाँ जाना चाहिए तथा कब, किस दिशा की ओर मुँह करके शौच के लिए बैठना चाहिए आदि-आदि।

प्रमाण-

नैर्ऋत्या मिषुविक्षेप मतीत्याभ्यधि कमभुवः। (पाराशर०)

" यदि खुली जगह मिले तो गाँव से नैर्ऋत्यकोण (दक्षिण और पश्चिम के बीच) की ओर कुछ दूर जाएँ।"

**दिवा संध्यासु कर्णस्थब्रह्मसूत्र उदङ्मुखः।
कुर्यान्मूत्रपुरीषे तु रात्रौ च दक्षिणामुखः॥ (याज्ञ ० १।१६,
बाधूलस्मृ ० ८)**

"शौच के लिए बैठते समय सुबह, शाम और दिन में उत्तर की ओर मुँह करें तथा रात में दक्षिण की ओर "

(सभी प्रमाण जिस नित्यकर्म पूजाप्रकाश, गीताप्रेस गोरखपुर, संवत २०५४, चोदहवाँ संस्करण, पृष्ठ १३ से उद्धृत किये गए हैं, वह पुस्तक एक सामान्य हिंदू के घर में सहज ही उपलब्ध होती है)।

सोने की चिड़िया को बार-लूटने के लिए आने वाले मुसलमानों ने उदार चित्त हिन्दुओं पर बिना चेतावनी दिए ही ताबड़तोड़ हमले बोले। हारे हुए सभी हिंदू महिला पुरुषों को संपत्ति सहित अपनी लूट की कमाई समझा और मिल-बाँटकर भोगा। हजारों क्षत्राणियों को अपनी लाज बचाने के लिए सामूहिक रूप से जौहर करना पड़ा और वे जीवित ही विशाल अग्नि-कुण्डों में कूद गयीं।

मुसलमानों के अत्याचारों के खिलाफ लड़ने वाले क्षत्रिय वीरों की तीन प्रकार से अलग-अलग परिणतियाँ हुईं।

पहली परिणति-

जिन हिंदू वीरों को धर्म के पथ पर लड़ते-लड़ते मार गिराया गया, वे वीरगति को प्राप्त होकर धन्य हो गए। उनके लिए सीधे मोक्ष के द्वार खुल गए।

दूसरी परिणति-

जो मौत से डरकर मुसलमान बन गए, उनकी चांदी हो गई।

तीसरी परिणति-

यह तीसरे प्रकार की परिणति उन हिंदू क्षत्रियों की हुई, जिन्हें युद्ध में मारा नहीं गया, बल्कि कैद कर लिया गया। मुसलमानों ने उनसे इस्लाम कबूलवाने के लिए उन्हें घोर यातनाएँ दीं।

चूँकि, अपने उदात्त जीवन में उन्होंने असत्य के आगे कभी झुकना नहीं सीखा था, इसलिए सब प्रकार के जुल्मों को सहकर भी उन्होंने इस्लाम नहीं कबूला। अपने सनातन हिंदू धर्म के प्रति अटूट विश्वास ने उन्हें मुसलमान न बनने दिया और परिवारों का जीवन घोर संकट में था। अतः उनके लिए अकेले-अकेले मरकर मोक्ष पा जाना भी इतना सहज नहीं रह गया था।

ऐसी विकट परिस्थिति में मुसलमानों ने उन्हें जीवन दान देने के लिए उनके सामने एक घृणित प्रस्ताव रख दिया तथा इस प्रस्ताव के साथ एक शर्त भी रख दी गई। उन्हें कहा गया कि यदि वे जीना चाहते हैं, तो मुसलमानों के घरों से उनकी विष्ठा (टट्टी) उठाने का काम करना पड़ेगा। उनके परिवारजनों का काम भी साफ़-सफाई करना और मैला उठाना ही होगा तथा उन्हें अपना जीवन-यापन के लिए सदा-सदा के लिए केवल यही एक काम करने कि अनुमति होगी।

१९ दिसम्बर १४२१ के लेख के अनुसार, जाफर मक्की नामक विद्वान का कहना है कि "हिन्दुओं के इस्लाम ग्रहण करने के मुख्य कारण थे, मृत्यु का भय, परिवार की गुलामी, आर्थिक लोभ (जैसे-मुसलमान होने पर पारितोषिक, पेंशन और युद्ध में मिली लूट में भाग), हिन्दू धर्म में घोर अन्ध विश्वास और अन्त में प्रभावी धर्म प्रचार।"

इस प्रकार, समय के चक्र के कारण अनेक स्थानों पर हजारों हिंदू वीरों को परिवार सहित जिन्दा रहने के लिए ऐसी घोर अपमानजनक शर्त स्वीकार करनी पड़ी। फिर भी, अपने कर्म सिद्धांत पर दृढ़ विश्वास रखने वाले उन आस्थावान हिन्दुओं ने अपने परिवार और शेष हिंदू समुदाय के दूरगामी हितों को ध्यान में रखते हुए अपनी नियति को स्वीकार किया और पल-पल अपमान के घूँट पीते हुए अपने राम पर अटूट भरोसा रखा। उपासना स्थलों को पहले ही तोड़ दिया गया था, इसलिए उन्होंने अपने हृदय में ही राम-कृष्ण की प्रतिमाएँ स्थापित कर लीं।

उनका सब कुछ खण्ड-खण्ड हो चुका था, परन्तु उन्होंने धर्म के प्रति अपनी निष्ठा को लेशमात्र भी खंडित नहीं होने दिया। धर्म परिवर्तन न करने के दंड के रूप में मुसलमानों ने उन्हें परिवार सहित केवल मैला ढोने के एकमात्र काम की ही अनुमति दी थी। पीढ़ी-दर-पीढ़ी वही करते चले गए। कई पीढ़ियाँ बीत जाने पर अपने कर्म में ही ईश्वर का वास समझने वाले उन कर्मनिष्ठ हिन्दुओं के मनो में से नीच कर्म का अहसास करने वाली भावना ही खो गई। अब तो उन्हें अपने अपमान का भी बोध न रहा।

मुसलमानों की देखा-देखी हिन्दुओं को भी घर के भीतर ही शौच करने में अधिक सुविधा लगने लगी तथा अब वे मैला उठाने वाले लोग हिन्दुओं के घरों में से भी मैला उठाने लगे। इस प्रकार, किसी भले समय के राजे-रजवाड़े मुस्लिम आक्रमणों के कुचक्र में फंस जाने से अपने धर्म की रक्षा करने के कारण पूरे समाज के लिए ही मैला ढोने वाले अछूत और नीच बन गए।

वर्ण और जाति में भारी अंतर है तथा यह मूलतः छूआछूत के कलंक के उदगम को ढूँढने का एक प्रयास है। इस लेख में कहीं भी हिंदू समाज को छूआछूत को बढ़ावा देने के आरोप से मुक्त नहीं किया गया है।

जरा सोचिये, हिंदू समाज पर इन कथित अछूत लोगों का कितना बड़ा ऋण है। यदि उस कठिन काल में ये लोग भी दूसरी परिणति वाले स्वार्थी हिन्दुओं कि तरह ही तब मुसलमान बन गए होते तो आज अपने देश की क्या स्थिति होती? और सोचिये, आज हिन्दुओं में जिस वर्ग को हम अनुसूचित जातियों

के रूप में जानते हैं, उन आस्थावान हिन्दुओं की कितनी विशाल संख्या है, जो मुस्लिम दमन में से अपने राम को सुरक्षित निकालकर लाई है।

क्या अपने सनातन हिंदू धर्म की रक्षा में इनका पल-पल अपमानित होना कोई छोटा त्याग था? क्या इनका त्याग ऋषि दधिची के त्याग की श्रेणी में नहीं आता?

स्वामी विवेकानंद ने कहा है कि जब किसी एक हिंदू का मतान्तरण हो जाता है, तो न केवल एक हिंदू कम हो जाता है, बल्कि हिन्दुओं का एक शत्रु भी बढ़ जाता है।

(11)

ब्रिटिश कालीन जातिवाद

ब्रिटिश काल में जातिवाद की जो तस्वीर उभर कर आती है वह आश्चर्यजनक विविधता की है. अंग्रेजों ने इस पूरी विविधता को धर्म, जाति और जनजाति में बांट दिया।

जनगणना का उपयोग श्रेणियों को सरल बनाने और उसे परिभाषित करने के लिए किया गया था। जिसे अंग्रेज

शायद ही समझते थे। इसके लिए उन्होंने सुविधाजनक विचारधारा और बेतुकी कार्यप्रणाली का इस्तेमाल किया था।

अंग्रेजों ने 19वीं शताब्दी में सुविधा के हिसाब से भारत में सामाजिक पहचान की स्थापना की. यह सब कुछ अंग्रेजों ने अपने मतलब के लिए किया ताकि भारत जैसे देश पर वो आसानी से शासन कर सके।

मान्यता और सामाजिक पहचानों की विविधता को एक हद तक सरल बनाने की कोशिश की गई और पूरी तरह से नई श्रेणियां और औहदे बनाए गए।

असमान लोगों को एक साथ कर दिया गया, नई सीमाएं तय कर दी गईं।

जो नई श्रेणियां बनाई गई थीं, वो अपने मूल अधिकारों के लिए एक और मजबूत होने लगीं। ब्रिटिश भारत में धर्म आधारित मतदाता और स्वतंत्र भारत में जाति आधारित आरक्षण ने इन जाति समूहों को और मजबूती प्रदान की।

यह धीरे-धीरे भारत की नियति बन गई। पिछले कुछ दशकों में जो कुछ भी हुआ है उससे यह कहा जा सकता है कि अंग्रेजों ने भारतीय इतिहास का पहला और परिभाषित मसौदा लिखा था।

अंग्रेजों ने भारत के स्वदेशी धर्मों की स्वीकृत सूची बनाई, जिसमें हिंदू, सिख और जैन धर्म को शामिल किया गया और उनके ग्रंथों में किए गए दावों के आधार पर धर्मों की सीमाएं और क़ानून तय किए गए.

19वीं शताब्दी के अंत तक इन जाति श्रेणियों को जनगणना की मदद से मान्यता दी गई, लेकिन जाति व्यवस्था पर कोई चोट नहीं की गयी। वल्कि जाति व्यवस्था को और मजबूत ही किया गया जिससे सवर्ण वर्ग सामाजिक संगठन का कोई कार्य न कर सके।

सबसे ज्यादा श्रेय अंग्रेजी साम्राज्य को जाता है, जिसने पहली बार समानता और ज्ञान के दरवाजे खोले। औपनिवेशिक शोषण की लाखों दास्तानों से कहीं ऊपर है बराबरी का दर्शन, ज्ञान-विज्ञान, तर्क का प्रचार-प्रसार।

अलोकप्रिय होने की हदों तक जाकर भी उन्होंने भारतीय समाज की क्रूरता, निशंसताओं के खिलाफ आवाज उठाई, कानून बनाए और कहें कि सभ्यता सिखाई। क्या सती प्रथा को याद कर क्रोध, भय, ग्लानि से आपके रोंगटे खड़े नहीं होते? क्या महानता थी इसमें? धर्म, झूठी शान की अफीम कितना क्रूर बना देती है।

दुनिया भर में कम ही ऐसे उदाहरण मिलेंगे। क्या कर रहा था हिन्दू धर्म और उसकी मनु स्मृति, पुराण, वेद, उपनिषद और मुस्लिम शासक? सिर्फ ताजमहल या जामा मस्जिद बनाकर आप सभ्यता और संस्कृति का ढिंढोरा नहीं पीट सकते।

तत्कालीन शासन और दोनों धर्मों की दुरभिसंधि का सबसे अमानवीय चेहरा था, सती प्रथा, परदा प्रथा, ठगी प्रथा, बाल विवाह या विधवा विवाह, अंग्रेजी शासन ने अपने शासन को बचाते हुए जो भी संभव था किया। शासन होता ही इसलिए है, इसलिए जाति उन्मूलन में उससे उम्मीद अपेक्षित है।

भारतीय समाज, विशेषकर हिन्दू समाज की सबसे बड़ी बुराई, व्याधि, जाति प्रथा के विरोध का श्रेय भी अंग्रेजी साम्राज्य को है।

यों भक्तिकालीन संत कबीर, रैदास, नानक आदि भी जाति, धर्म के खिलाफ आवाज उठाते रहे थे, लेकिन इनकी आवाजें नक्कारखाने में तूती से आगे नहीं बढ़ पायीं।

कुछ-कुछ शुरुआत राजा राम मोहन रॉय आदि करते हैं। लेकिन वह भी ब्रिटिश व्यवस्था तर्क के आलोक में।

(१२)

जातिवाद के विरुद्ध आवाज

हिन्दु समाज में ही नहीं, किसी भी भारतीय समाज में बहुजन को परिभाषित करने के दो आधार हैं। एक वर्गीय और दूसरा जातीय। भारतीय सन्दर्भ में दोनों आधार सही हैं। संसार

में दुख ज्यादा है और सुख कम है। इस आधार पर बहुजन दुख में हैं और अल्पजन सुख में हैं।

बुद्ध ने इसी आधार पर दुखी प्राणियों को बहुजन कहा और उनके सुख और हित के लिए धर्म प्रवर्तन किया। लेकिन ब्राह्मणों की वर्ण-व्यवस्था ने इन बहुजनों को कभी संगठित नहीं होने दिया, और वे हमेशा ब्राह्मण, क्षत्रिय, वैश्य और शूद्र वर्णों पर आधारित जातियों में बँटे रहे। उच्च वर्णों ने निचले वर्ण के लोगों को अपना अंग नहीं माना। इसलिए वे कभी उनके सुख-दुख में भी शामिल नहीं रहे।

इसलिए हिन्दु समाज में शूद्र वर्ण और उससे भी नीचे अछूत जातिया ही बहुजन समाज का निर्माण करती हैं। आज की विधिक भाषा में इन्हीं को पिछड़ी जातिया और अनुसूचित जातिया कहा जाता है। इनमें पहली सछूत और दूसरी अछूत जातिया मानी जाती हैं। यदि इनमें आदिम जनजातियों को भी शामिल कर लिया जाए, तो यह और भी बड़ा विशाल वर्ग बन जाता है। किन्तु मैं यहाँ हिन्दू समाज की पिछड़ी और अछूत जातियों तक ही सीमित रहूगा।

इस बहुजन समाज में नवजागरण क्या, जागरण भी कैसे आया, यह एक ऐसा प्रश्न है, जिसका उत्तर नवजागरण की किताबों में भी नहीं मिलता। इसे ठीक तरह से समझने और इसका सही उत्तर तलाशने के लिए हम डॉ. रामविलास शर्मा के इस कथन को अपना आधार बनाते हैं–

'भारतेन्दु युग उत्तर भारत में जनजागरण का पहला या प्रारम्भिक दौर नहीं है; वह जनजागरण की पुरानी परम्परा का एक खास दौर है।

जनजागरण की शुरुआत तब होती है, जब यहा बोलचाल की भाषाओं में साहित्य रचा जाने लगता है, जब यहा के विभिन्न प्रदेशों में आधुनिक जातियों का गठन होता है। यह सामन्त विरोधी जनजागरण है।

भारत में अंग्रेजी राज कायम करने के सिलसिले में पलासी की लड़ाई से 1857 के स्वाधीनता संग्राम तक जो युद्ध हुए, वे जनजागरण के दूसरे दौर के अन्तर्गत हैं। यह पहले दौर से भिन्न है, मुख्य लड़ाई विदेशी शत्रु से है। यह साम्राज्य विरोधी जनजागरण है।'

कबीर

यहा दो जनजागरणों का सन्दर्भ आया है, एक, सामन्त विरोधी जनजागरण का, और दूसरा, साम्राज्य विरोधी जनजागरण का। दूसरे जनजागरण का समय तो बताया गया है, जो 1857 के स्वाधीनता संग्राम तक है। किन्तु पहले दौर के जनजागरण का समय क्या है, यह नहीं बताया गया है। अगर पलासी की लड़ाई से 1857 के स्वाधीनता संग्राम तक जो युद्ध अंग्रेजों के विरुद्ध हुए, वह समय साम्राज्य विरोधी जागरण का है, तो इससे यह निष्कर्ष निकलता है कि सामन्त विरोधी

जनजागरण का समय देशी राजाओं के विरुद्ध युद्धों का समय है।

किन्तु क्या राजाओं और नवाबों के विरुद्ध जनता के युद्धों का कोई साक्ष्य इतिहास में मिलता है? राजाओं के परस्पर संघर्षों के साक्ष्य तो मिलते हैं, पर जनता के सामन्त विरोधी संघर्षों का कोई प्रमाण नहीं मिलता है। जनता का जो विरोध और विद्रोह अंग्रेजी राज में मिलता है, क्या वैसा कोई विरोध या विद्रोह अंग्रेजी राज से पहले की राजशाही में मिलता है?

डॉ. रामविलास शर्मा जिसे सामन्तवाद के खिलाफ जनजागरण कहते हैं, उसे वे तुलसीदास जैसे कुछ मध्यकलीन सन्त कवियों की रचनाओं में देखते हैं। उसी को वे बोलचाल की भाषा में लिखा गया साहित्य कहते हैं।

लेकिन राजशाही में ज्ञान और शिक्षा पर ब्राह्मणों का एकाधिकार था। उस पर प्रहार किए बिना कौन-सा जनजागरण हो सकता है? तुलसीदास ब्राह्मण थे, उनके लिए शिक्षा निषिद्ध नहीं थी। मीराबाई राजघराने से थी, इसलिए शिक्षा से वे भी वंचित नहीं थीं। जायसी मुस्लिम थे, और मुस्लिम राज में शिक्षित थे। कबीर मुस्लिम थे, इसलिए वे भी मुस्लिम राज में पढ़-लिख गए थे।

चूकि, मुस्लिम शासकों ने शिक्षा को सार्वजनीन बनाया था, इसलिए शूद्र समुदाय में भी शिक्षा का प्रकाश पहुच गया था। निश्चित रूप से वंचित वर्गों में यह जागरण हुआ था, और इसी जागरण ने बहुजनों में नवजागरण की अलख जगाई थी। लेकिन इसका पूरा श्रेय मुस्लिम राज को जाता है।

जिन मध्यकालीन सन्त कवियों में डॉ. रामविलास शर्मा सामन्तवाद-विरोधी जागरण देखते हैं, उनमें सर्वाधिक विरोध का स्वर कबीर और रैदास आदि निचली जातियों के कवियों में ही दिखाई देता है, तुलसीदास आदि ब्राह्मण कवियों में नहीं।

मुस्लिम राज में शूद्रों के पढ़-लिख जाने और जन्मना श्रेष्ठता के विरुद्ध ब्राह्मणों से तर्क करने से सबसे ज्यादा दुखी तुलसीदास ही थे। सन्तों में दो वर्ग थे- ब्राह्मण और अब्राह्मण। किन्तु, डॉ. शर्मा ने गड्डुमड्डु करके सबको एक कर दिया है।

ब्राह्मण सन्त वर्ण-व्यवस्था में विश्वास करने वाले थे, और अब्राह्मण सन्त, जिनमें अधिकांश शूद्र जातियों से थे, वर्ण-व्यवस्था के विरुद्ध समतामूलक समाज के निर्माण पर जोर देते थे। इसके विपरीत तुलसीदास, सूरदास आदि ब्राह्मण सन्त वर्ण-आधारित समाज के पक्षधर थे। इस सम्बन्ध में शान्ति भिक्षु शास्त्री का यह कथन महत्वपूर्ण है-

'सन्तों का एक दल दीर्घ काल से यहा ब्राह्मणों की जन्मजात श्रेष्ठता का विरोध करता रहा है। इन श्रमणों (सन्तों) के अनुसार ब्राह्मणत्व की सिद्धि जन्म से नहीं होती, प्रत्युत ब्राह्मणता निष्पाप होने का नाम है। **(वाहितपापोति ब्राह्मणो)**। जो शान्त, दान्त, संयत, ब्रह्मचारी और अहिंसक है, वही श्रमण है, वही ब्राह्मण है और वही भिक्षु है।

ब्राह्मणता के इस स्वरूप का मान बुद्धप्रमुख श्रमणों में पूर्वकाल में किया और परवर्ती सन्त इसको दुहराते रहे। पर 'मानस' के कवि (तुलसीदास) को यह सहन नहीं है कि गुणों के कारण कोई ऐसा ऊँचा बन जाए कि जन्मजात ब्राह्मणों पर अपनी गुणजात श्रमणता या ब्राह्मणता का सिक्का जमाए।

मानस का कवि ऐसा कहने को पाप-युग का प्रभाव बतलाता है, जिसके फलस्वरूप शूद्र लोग ब्रह्मज्ञानी को असली ब्राह्मण मानते हैं और स्वयं श्रम एवं तप द्वारा उस ब्राह्मणता तक पहुचकर जन्मजात ब्राह्मणों से कह बैठते हैं कि हम तुमसे हीन नहीं हैं-

बादहि सूद्र द्विजन्ह सन, हम तुम्ह तें कछु घाटि।
जनइ ब्रह्म सो विप्रवर, आखि देखावहिं डाटि।।

नीची जातियों की बढ़ाबढ़ी मानस के कवि को पसन्द नहीं है, क्योंकि वे श्रुति-स्मृति-पुराण प्रतिपादित हिन्दू धर्म के समर्थक हैं, जिनमें इन लोगों का दबकर रहना ही धर्म माना गया है।

ब्राह्मण सन्तों के विषय में डॉ. आंबेडकर ने भी अपनी अभिभाषण पुस्तक 'जाति का उन्मूलन' (एनिहिलेशन आॅफ कास्ट) में इस सत्य को रेखांकित किया है कि किसी भी ब्राह्मण सन्त ने जाति पर प्रहार नहीं किया। इसके विपरीत वे जातिप्रथा के कट्टर समर्थक ही बने रहे थे।

उन्होंने एकनाथ का उदाहरण दिया है, जो अछूतों को स्पर्श करने के पश्चात गंगा में नहाकर फिर से शुद्ध हो जाते थे। अतः सामन्तवाद-विरोध का अगर कोई स्वर था, तो वह शूद्र सन्तों की वाणी में था। यह ब्राह्मणवाद के विरुद्ध जागरण था, क्योंकि उसमें वर्ण-व्यवस्था का खण्डन था।

कबीर ने ब्राह्मण के जगदगुरु होने का खण्डन किया था, उसकी उच्चता को नकारा था और अस्पृश्यता का विरोध किया था। रैदास ने चारों वेदों का खण्डन करके व्यक्ति के गुण और ज्ञान पर महत्व दिया था। इस प्रकार कहना न होगा कि सामन्त-विरोधी जागरण ब्राह्मणवाद-विरोधी जागरण भी था,

जिसके नायक शूद्र जातिया थीं। यह स्वाभाविक भी था, क्योंकि 'जाके पैर न फटे बिवाई, वह क्या जाने पीर पराई'। सामन्तवाद में ब्राह्मण को यह पीर हुई ही नहीं थी। फिर वह क्यों विद्रोह करता? डॉ. रामविलास शर्मा ने तुलसी को सामन्त विरोधी बताकर हवा में लट्टू चलाया है।

अब आते हैं, साम्राज्य-विरोधी जागरण पर। डॉ. शर्मा अंग्रेजी राज के विरुद्ध लड़ाई को साम्राज्यवाद-विरोधी जागरण मानते हैं। लेकिन वास्तव में यह जागरण भी ब्राह्मणवाद के पक्ष का जागरण था। अंग्रेजी राज से सबसे ज्यादा परेशानी ब्राह्मणों को ही थी, क्योंकि उसके समाजसुधारों- अस्पृश्यता के विरुद्ध कानूनों, शिक्षा को सार्वजनीन बनाने और सती जैसी क्रूर प्रथा को बन्द करवाने के क्रान्तिकारी कदमों ने ब्राह्मणवाद के किले को ध्वस्त कर दिया था।

भारत के इतिहास में पहली बार अंग्रेजी राज ने ही कानून की नजर में सबको समान किया था। 1817 तक ब्राह्मण मृत्यु दण्ड से मुक्त था। इस विशेषाधिकार को भी अंग्रेजी राज ने ही समाप्त किया था। इसलिए अपने विशेषाधिकारों और अपनी स्वाधीनता को फिर से प्राप्त करने के लिए ही ब्राह्मण ने अंग्रेजी राज के विरुद्ध लड़ाई शुरु की थी और उसे स्वतन्त्रता संग्राम का नाम दिया था, जबकि वही ब्राह्मण भारत की दलित, पिछड़ी और आदिम जनजातियों को अपने अधीन गुलाम बनाकर रखे हुए था।

यहा एक अत्यन्त महत्वपूर्ण तथ्य यह है कि सवाल अंग्रेजों के विरुद्ध लड़ाई का नहीं है, बल्कि उसके परिणाम का है। अंग्रेजों ने सारी लड़ाइया जीतीं- प्लासी की लड़ाई जीती, पेशवा राज को जीता और 1857 के गदर को भी कुचला। सवाल है कि यह जीत किन परिस्थितियों में हुई?

रैदास

क्या भारतीय नवजागरण के साहित्य में इसका उल्लेख मिलता है? उत्तर है, नहीं मिलता है। लेकिन इसका जिक्र दलित साहित्य में मिलता है। डॉ. आंबेडकर ने अपने निबन्ध 'दि अनटचेबिल्स एण्ड दि पेक्स ब्रिटेनिका' में जो तथ्य उजागर किए हैं, वे बहुजन-जागरण के सन्दर्भ में विचारणीय हैं। उन्होंने लिखा है-

'वर्ष 1757 में ईस्ट इंडिया कम्पनी और बंगाल के नवाब सिराजुद्दौला की सेना के बीच लड़ाई हुई थी। इस लड़ाई में ब्रिटिश सेना की जीत हुई थी। इतिहास में इसे प्लासी की लड़ाई के रूप में जाना जाता है और इसी जीत के परिणामस्वरूप भारत में पहली बार एक राज्य में अंगेजी राज कायम हुआ था।

अन्तिम क्षेत्रीय लड़ाई अंग्रेजों ने 1818 में जीती थी, जिसे कोरेगाव की लड़ाई के नाम से जाना जाता है। इस लड़ाई ने मराठा साम्राज्य को ध्वस्त करके भारत में ब्रिटिश साम्राज्य को स्थापित किया था। इस प्रकार भारत पर अंग्रेजों की विजय 1757 और 1818 के बीच हुई।

'भारत पर अंग्रेजों को यह विजय भारतीयों की सहायता से हासिल हुई थी। लेकिन वे कौन भारतीय थे, जो विदेशियों की सेना में शामिल हुए थे? इसका उत्तर यह है कि वे भारतीय, जो ईस्ट इंडिया कम्पनी की सेना में भर्ती हुए थे, भारत के अछूत थे। जो भारतीय प्लासी की लड़ाई में क्लाइव के विरुद्ध लड़े थे, वे दुसाध थे और दुसाध एक अछूत जाति है।

जो लोग कोरेगाव की लड़ाई में लड़े थे, वे महार थे और महार एक अछूत जाति है। इस प्रकार पहली लड़ाई और आखिरी लड़ाई में अंग्रेजों की ओर से लड़ने वाले लोग अछूत थे, जिनकी सहायता से उन्होंने भारत पर जीत हासिल की थी। यह सत्य 1859 में भारतीय सेना के पुनर्गठन पर नियुक्त 'पील कमीशन' की रिपोर्ट में दर्ज है।

डॉ. आंबेडकर के अनुसार न केवल अछूतों ने भारत को जीतने में अंग्रेजों की मदद की थी, बल्कि 1857 के गदर को कुचलने में भी उनकी सहायता की थी-

"अछूतों ने न केवल अंग्रेजों को भारत को जीतने के लिए सक्षम बनाया था, अपितु उन्हें सत्ता में बनाए रखने में भी सक्षम बनाया था। 1857 का गदर भारत में अंग्रेजी सत्ता को ध्वस्त करने और भारत को फिर से जीतने का प्रयास था। यह गदर बंगाल की सेना ने किया था, जबकि बम्बई और मद्रास की सेनाए वफादार बनी रहीं थीं। अंग्रेजों ने उनकी सहायता से ही उस गदर को कुचला था। बम्बई राज्य की सेना में महार

और मद्रास की सेना में परिया थे।"

भारत के विरुद्ध अंग्रेजों की लड़ाई में दलितों की सहायता को राष्ट्रवाद की दृष्टि से देखे जाने की आवश्यकता नहीं है, क्योंकि पीड़ितों और दासों का कोई राष्ट्र नहीं होता है। यह आकस्मिक नहीं है कि डॉ. आंबेडकर से पहले ज्योति राव फुले ने भी बहुजनों के लिए अंग्रेजी राज की हिमायत की थी। उन्होंने अपने सुप्रसिद्ध ग्रन्थ 'गुलामगिरी' की भूमिका में लिखा है-

"शूद्रों में से कई लोगों (जातियों) को रास्ते पर थूकने की मनाही थी। इसलिए उन शूद्रों को ब्राह्मणों की बस्तियों से गुजरना पड़ा, तो अपने साथ थूकने के लिए मिट्टी के किसी एक बर्तन को रखना पड़ता था। समझ लो उसकी थूक जमीन पर पड़ गई और उसको ब्राह्मण-पण्डे ने देख लिया, तो उस शूद्र के दिन भर गए। अब उसकी खैर नहीं। इस तरह के लोग (शूद्रादि-अतिशूद्र जातिया) अनगिनत मुसीबतों को सहते-सहते मटियामेट हो गए।.......ऐसे समय बड़ी खुशकिस्मती कहिए कि ईश्वर को उन पर दया आई, इस देश में अंग्रेजों की सत्ता कायम हुई, जिसने इन लोगों को ब्राह्मणशाही की गुलामी की फौलादी जंजीरों को तोड़ करके मुक्ति की राह दिखाई है। उन्होंने इनके बीवी-बच्चों को सुख के दिन दिखाए हैं। यदि वे यहा न आते तो ब्राह्मणों ने, ब्राह्मणशाही ने इन्हें कभी सम्मान और स्वतन्त्रता की जिन्दगी न गुजारने दी होती।"

अगर ब्राह्मणशाही से पीड़ित शूद्रों ने भारत को जीतने में अंग्रेजों की मदद की, तो यह स्वाभाविक ही था। वे ब्राह्मणों के अत्याचारों से मुक्ति चाहते थे और वे इस मुक्ति को अंग्रेजी राज में देख रहे थे।

शूद्रों में जागरण कब और कैसे आया, इसका कोई निश्चित काल-निर्धारण नहीं किया जा सकता। धार्मिक रूप से जाति के खिलाफ आवाजें मध्येकालीन सन्तों के समय से ही

उठती रही थीं, परन्तु शूद्रों में स्वाभिमान की चेतना अभी नहीं आई थी।

निर्विवाद रूप से उनमें सामाजिक स्वाभिमान की चेतना 19वीं सदी में ही आई थी, जब भारत में ईसाई मिशनरियों ने कदम रखा था। अतः यह कहना गलत न होगा कि ईसाई मिशनरी ही उनमें नवजागरण के पहले सर्जक थे। पश्चिम से आने वाले मिशनरियों ने भारत में अनेक स्थानों पर अपने केन्द्र स्थापित किए थे। उनमें से बहुतों ने निम्न जातियों में काम करना आरम्भ किया और उनका धर्मपरिवर्तन कराने में सफलता पाई। इस प्रकार मद्रास प्रेसीडेंसी में 1803 तक 5000 से ज्यादा नादर (ताड़ी निकालने वाले) लोग ईसाई बन गए थे। ये अनेक सम्प्रदायों के मिशन थे, जैसे डेनिश मिशन, लन्दन मिशन और चर्च मिशन।

इन सभी को ईस्ट इंडिया कम्पनी का समर्थन प्राप्त था। ब्रिटिश राज के समर्थन से ईसाई मिशनरियों ने न केवल निम्न जातियों में अपनी धार्मिक, शैक्षिक, मेडिकल और समाज-कल्याण के कार्य किए, बल्कि उनके मूल नागरिक अधिकारों और सरकारी सेवा में नौकरियों को भी सुनिश्चित करने का काम किया। उदाहरण के लिए, त्रावणकोर में स्थानीय प्रथा के अनुसार निम्न जातियों की महिलाओं को अपनी छातिया ढकने की मनाही थी। किन्तु यूरोपियन मिशनरियों ने इस घृणित प्रथा के खिलाफ धर्मान्तरित ईसाई महिलाओं को सीना ढकने के लिए ब्लाउज पहनने का अधिकार दिया। इसके निम्न जातीय धर्मान्तरित ईसाईयों और सवर्ण हिन्दुओं के बीच संघर्ष हुआ।

'धर्मान्तरण के बाद निम्न जातियों का कायाकल्प हो गया। वे अंग्रेजी पढ़ने-लिखने लगे, परम्पराए और प्रथाएं तोड़कर स्वाभिमान और सम्मान से रहने लगे, और सरकारी नौकरियों में आने के बाद उनका सामाजिक स्तर भी बेहतर

होने लगा। इसने अन्य निम्न जातियों को भी सोचने के लिए विवश कर दिया कि क्यों न वे भी ईसाई बनकर गुलामी की जिन्दगी से मुक्त हो जाए और अपना सम्मानजनक विकास करें।

जिस प्रकार इस्लाम की परिस्थितियों ने हिन्दूधर्म में वैष्णवमत पैदा किया, उसी प्रकार ईसाईयत के प्रभाव ने हिन्दू समाज में आर्य समाज, ब्रह्म समाज, प्रार्थना समाज और शुद्धि के आन्दोलनों को जन्म दिया। किन्तु इन सबका उद्देश्य शूद्रों को इस्लाम और ईसाई धर्मों में जाने से रोकना था, न कि उनको समान नागरिक अधिकार देना। फिर भी आर्य समाज ने इस सम्बन्ध में अन्य आन्दोलनों से बेहतर काम किया था, हालाकि शुद्धि आन्दोलन भी आर्य समाज का ही अभियान था, जो आज के संघ परिवार की तरह ही मुसलमान या ईसाई बनने वाले दलितों की हिन्दू धर्म में 'घर वापिसी' कराता था।

फिर भी शूद्रों के जागरण में इन आन्दोलनों की भूमिका उतनी नहीं थी, जितनी कि अंग्रेजी राज के सुधार आन्दोलनों की थी। पश्चिम बंगाल में जुलाहों की एक जाति 'जोगी' थी, जिसने अपनी ब्राह्मण पहचान के लिए संघर्ष किया और 19 वीं सदी के अन्त तक वे जनेऊ धारण करने लगे थे। 1901 में उन्होंने 'जोगी हितैषिणी सभा' स्थापित की और 'जोगीसाका' नामक एक पत्रिका का प्रकाशन भी आरम्भ कर दिया था।

बंगाल में ही चाद गुरु (1850-1930) हुए, जिन्होंने 'चाण्डाल' की पहचान के विरुद्ध 'नमोशूद्र' आन्दोलन चलाया। जोया चटर्जी के अनुसार,

"870 के दशक में बाकरगंज और फरीदपुर के चाण्डालों ने उच्च जातीय हिन्दुओं का बहिष्कार कर दिया था, क्योंकि उन्होंने चाण्डाल मुखिया के यहा खाना खाने से इन्कार कर दिया था। इसके बाद उन्होंने अपनी पारम्परिक स्थिति में सुधार के लिए सम्मानजनक 'नामशूद्र' का नाम और ब्राह्मण का दर्जा पाने के लिए अपनी लड़ाई जारी रखी। 1930 में अंग्रेज सरकार में उनकी माग को मान्यता दी।

19वीं सदी में ही महाराष्ट्र, मद्रास और मैसूर में ब्राह्मण-विरोधी आन्दोलनों के उभार ने भी इन क्षेत्रों में ब्राह्मणों के दमन-चक्र के खिलाफ शूद्रों को सामाजिक और राजनीतिक रूप से संगठित करने में महत्वपूर्ण भूमिका निभाई थी। इस आन्दोलन ने उनमें न केवल आत्मसम्मान की भावना जाग्रत की, बल्कि उनको समान नागरिक अधिकारों के प्रति भी जागरूक किया।

महाराष्ट्र में जोती राव फुले के ब्राह्मण-विरोधी आन्दोलन ने शूद्रों को शिक्षित करने का काम शुरु किया। वे पहले भारतीय थे, जिन्होंने महाराष्ट्र में अछूतों और लड़कियों के लिए स्कूल खोला था।

वे पहले व्यक्ति थे, जिन्होंने निम्न वर्गों के किसानों और लोगों को उनकी गुलामी का बोध कराया था। उन्होंने 'ब्रह्म समाज' और 'प्रार्थना समाज' के मुकाबले 1873 में 'सत्यशोधक समाज' की स्थापना की थी, जो वर्ण और जाति के विरुद्ध पहला शूद्र संगठन था। 'सत्यशोधक समाज' का प्रभाव भले ही महाराष्ट्र तक सीमित था, परन्तु वर्ण और जाति के विरुद्ध पूरे देश में एक जैसा वातावरण तैयार हो रहा था।

शूद्र जातियों में अपनी सम्मानजनक अस्मिता को लेकर हिन्दी क्षेत्र में भी उसी तरह की गतिविधिया चल रही थीं,

जिस प्रकार की गतिविधियों का उल्लेख पश्चिम बंगाल में जोगी और नामशूद्र समुदायों के बारे में किया जा चुका है। 19वीं सदी के आरम्भ में उत्तर प्रदेश, हरियाणा, दिल्ली, बिहार, मध्यप्रदेश और राजस्थान आदि प्रान्तों में अनेक शूद्र जातिया खुद को क्षत्रिय होने का दावा कर रही थीं।

इनमें अहीर या गोपालक जातिया अपना सम्बन्ध कृष्ण के यदु वंश से जोड़ते हुए अपनी यादव पहचान बना रही थीं। चूकि वे निम्न श्रेणी में थे, इसलिए उच्च श्रेणी में जाने के लिए अपनी यादव अस्मिता स्थापित कर रहे थे। राव के अनुसार, 'उनके देवता भी निम्न स्तरीय थे, इसलिए आध्यात्मिक उन्नति और आत्मसम्मान पाने के लिए बहुत से यादवों ने आर्य समाज के प्रभाव में आकर वैदिक हिन्दू धर्म अपना लिया था, किन्तु उन्हें ठाकुरों, भूमिहार ब्राह्मणों (बिहार) और ब्राह्मणों के साथ हिंसक संघर्ष का भी सामना करना पड़ा था।

जब अहीरों ने सार्वजनिक रूप से जनेऊ पहिनना आरम्भ किया, तो ठाकुरों और भूमिहार ब्राह्मणों ने हिंसा का सहारा लिया और उनको अपने विशेषाधिकारों में अतिक्रमण करने से रोका। लेकिन अहीरों ने, इस हिंसा के आगे झुकने के बजाय जनता में इसका व्यापक प्रचार किया और 1901 के आसपास एक नियमित जनेऊ आन्दोलन चलाया।

शीघ्र ही यह आन्दोलन उत्तर प्रदेश और पंजाब में भी फैल गया। यह द्विज जातियों के साथ समान धार्मिक अधिकार प्राप्त करने के लिए यादवों का पहला सामाजिक जागरण था। भारत के विभिन्न भागों- उत्तर प्रदेश, बिहार, पंजाब, राजस्थान, मध्यप्रदेश, बंगाल, महाराष्ट्र और तमिलनाडु में क्षेत्रीय यादव संगठन अस्तित्व में आए।

राष्ट्रीय स्तर पर यादव-अस्मिता का उभार 1923 हुआ, जब अखिल भारतीय यादव महासभा का गठन हुआ। इसका

नेतृत्व बम्बई के पेशेवर बौद्धिक और पश्चिमी पद्धति से शिक्षित डॉ. खेड़ेकर के हाथों में आया, जिन्होंने इस संगठन में सक्रिय रुचि ली। उन्हीं के नेतृत्व में पिछड़ी जातियों का एक शिष्ट मण्डल संसद की संयुक्त चयन समिति के समक्ष अपने राजनीतिक अधिकारों का प्रतिनिधित्व करने के लिए लन्दन गया था।

अखिल भारतीय यादव महासभा ने दो महत्वपूर्ण मुद्दे उठाए थे, पहला, भारतीय सेना में यादव रेजिमेंट का, और दूसरा शिक्षा और रोजगार में पिछड़ी जातियों को बेहतर अवसर देने का।

विलियम रोवे (1968) के अनुसार उत्तर प्रदेश, मध्यप्रदेश और बिहार के कुम्हारों की एक जाति नोनिया ने भी चौहान राजपूत (क्षत्रिय) होने का दावा किया था। बहुत से नोनियाओं ने ईंट बनाने और मिट्टी के बर्तन बनाने के ठेकों से धन कमाया, जिसके बल पर उन्होंने समाज में उच्च स्थान प्राप्त किया और अपनी अलग विचारधारा स्थापित की। उन्होंने भी यादवों की तरह आर्य समाज के वैदिक धर्म को अपनाकर जनेऊ धारण किया, और वैदिक यज्ञों में भाग लिया, जिससे वे सदियों से वंचित थे।

इस प्रकार क्षत्रिय अस्मिता के साथ आर्य समाजी बनकर नोनियाओं ने आत्मसम्मान और गौरव दोनों को प्राप्त किया। उन्होंने 1935 में कटनी (मध्यप्रदेश) में अखिल भारतीय नोनिया सभा का गठन किया और उसके माध्यम से शिक्षा, रोजगार और राजनीतिक अधिकार हासिल करने के लिए लड़ाई लड़ी।

चूकि पिछड़ी जातिया अस्पृश्य नहीं थीं, और हिन्दू समाज को उनके उत्पादों की आवश्यकता थी, इसलिए उनके

साथ द्विज जातियों का संघर्ष हिंसक नहीं रहा। किन्तु दलित जातिया, जो अछूत थीं और जिनकी छाया भी द्विजों को दूषित कर देती थी, उनके साथ सवर्णों की हिंसा आज तक जारी है।

यद्यपि उच्च अस्मिता का आन्दोलन दलित जातियों ने भी चलाया, परन्तु उन्हें वह सफलता नहीं मिली, जैसी यादव सरीखी कुछ पिछड़ी जातियों को मिली।

भारत में अछूत जातियों के संघर्ष का इतिहास सर्वप्रथम अछूत जातियों के बुद्धिजीवियों ने ही लिखा, क्योंकि हिन्दू इतिहासकारों ने दलित जातियों को हिन्दू समाज का अंग ही नहीं माना। यही कारण है कि उनके इतिहास-लेखन में दलित जातियों का संघर्ष प्रायः नहीं मिलता है।

दलित बुद्धिजीवियों ने अपने इतिहास-लेखन की शुरुआत बीसवीं सदी के आरम्भ में ही कर दी थी। रामनारायण एस. रावत ने 'रिकनसिडरिंग अनटचबिल्टी' मे इस इतिहास पर विस्तार से प्रकाश डाला है।

1920-30 के दशकों में शुरु हुए चमारों के संघर्ष आर्थिक समानता, भूमि-वितरण, रोजगार के सवाल पर या अंग्रेजी राज के विरुद्ध नहीं हुए थे, बल्कि उन्होंने अपना आन्दोलन ब्राह्मणवाद के खिलाफ अपनी सामाजिक गरिमा पाने के लिए आरम्भ किया था।

उन्होंने 'चमार' शब्द के विरुद्ध 'जाटव' उपनाम के लिए आन्दोलन चलाया और उसके लिए सरकार को पत्र लिखे। चमारों ने 'जाटव महासभा' बनाई, जिसके प्रमुख सदस्य रामनारायण यादवेन्दु थे। उन्होंने बाद में अखिल भारतीय जाटव नवयुवक संघ का गठन किया और उसके तत्वावधान में इस लड़ाई को जारी रखा। इस लड़ाई में उनकी जीत हुई,

जिसकी 1937 में गाजियाबाद में अखिल भारतीय जाटव नवयुवक संघ के सातवें अधिवेशन में घोषणा करते हुए कहा गया था कि उत्तर प्रदेश सरकार ने 'जाटव' उपनाम को स्वीकार कर लिया है।

इस काल में चमारों से सम्बन्धित चार इतिहास लिखे गए थे- यू. बी. एस. रघुवंशी का 'श्री चँवर पुराण' (1910 और 1916 के बीच), जैसवार महासभा का 'सूर्यवंश क्षत्रिय' (1926), सुन्दरलाल सगर का 'यादव जीवन' और रामनारायण यादवेन्दु का 'यदुवंश का इतिहास' (1942)।

सगर और यादवेन्दु ने, जो जटिया थे, अपनी जाति का सम्बन्ध भगवान कृष्ण से जोड़कर 'जाटव-क्षत्रिय' होने का दावा किया था। 'जटिया' चमार मुख्य रूप से पश्चिमी उत्तर प्रदेश के मेरठ, आगरा, मुरादाबाद, रामपुर और बदायू जनपदों में बसे हुए थे।

पूर्वी उत्तर प्रदेश में 'जैसवार' चमार थे। उन्होंने भी अपना सम्बन्ध चँवर राजवंश से जोड़कर क्षत्रिय होने का दावा किया था। जटिया और जैसवार दो प्रमुख चमार जातिया हैं, जो उत्तर प्रदेश की चमार आबादी का दो-पाचवा हिस्सा हैं।

'चँवर पुराण' कानपुर से प्रकाशित हुआ था, जिसकी पृष्ठ संख्या 79 थी। उसके लेखक रघुवंशी अलीगढ़ में वकील थे। 'सूर्यवंश क्षत्रिय' का प्रकाशन लाहौर से हुआ था। यह दस पृष्ठों की पुस्तिका थी, जिसमें चँवर पुराण की कथा को ही लिखा गया था।

रघुवंशी के अनुसार, चँवर पुराण की खोज तिब्बत में हिमालय की एक गुफा में रहने वाले ऋषि ने की थी। उन्होंने ही

उसका संस्कृत से हिन्दी में अनुवाद किया था। चँवर पुराण यह प्रमाणित करता है कि चमारों का मूल नाम चँवर है।

इस पुराण के अनुसार द्विज कुल में आज के चमार शक्तिशाली शासक थे, जो सूर्यवंशी चँवर वंश से थे। रघुवंशी चँवर पुराण को सत्य साबित करते हुए कहते हैं कि महाभारत का अनुशासन पर्व चँवर राजवंश को क्षत्रिय बताता है, जिसने अपना क्षत्रियत्व इसलिए खो दिया था, क्योंकि उसके सदस्यों ने ब्राह्मणों का आदर करना बन्द कर दिया था। इसलिए चँवर पुराण में यह भविष्य वाणी मिलती है कि इस क्षति को पूरा करने के लिए चमार जाति में सन्त रैदास का जन्म होगा।

चँवर पुराण के अनुसार चँवर राजा चामुण्डा राय इस राजवंश का अन्तिम राजा था, जो वर्णाश्रम धर्म का पालन करता था और विष्णु का भक्त था।

कथा है कि एक बार विष्णु ने शूद्र के भेष में आकर चामुण्डा की भक्ति की परीक्षा लेने के लिए उसके सामने वेदों का पाठ करने लगे। इससे चामुण्डा राय की पूजा में विघ्न पैदा हो गया। वह एक शूद्र को वेदों का पाठ करते हुए देखकर नाराज हो गए और उसे चेतावनी दी कि शूद्र को वेद पढ़ने का अधिकार नहीं है। यह सुनकर विष्णु अपने असली रूप में प्रकट हो गए और बोले कि इस संसार में व्यक्ति अपने कर्मों से शूद्र होता है, जन्म से नहीं।

तब चामुण्डा ने अपनी गलती के लिए क्षमा मागी, पर विष्णु ने क्रोधित होकर उसे शाप दिया कि अब वह और उसके वंशज क्षत्रिय के दर्जे से बाहर हो जायेंगे और शूद्र से भी नीचे गिरकर चमार और अछूत हो जायेंगे। उसी समय से चँवर वंश

और उसका इतिहास पृथ्वी से लुप्त हो गया।

चंद्रिका प्रसाद जिज्ञासु

दूसरा इतिहास जटिया चमारों का 'जाटव जीवन' नाम से 1924 में प्रकाशित हुआ। इसका 108 पृष्ठों का दूसरा संस्करण 1929 में नए शीर्षक 'यादव जीवन' नाम से छपा। इसके लेखक आगरा के सुन्दर लाल सगर थे, जिन्होंने चमारों

को यदु वंश से जोड़ते हुए उनके यादव होने कर दावा किया था।

1946 में रामनारायण यादवेन्दु ने 'यदुवंश का इतिहास' लिखा, जिसमें अधिकांश बातें 'यादव जीवन' से ही ली गई थीं, पर इसमें विशेष रूप से अनेक जाटव संगठनों का भी इतिहास दिया गया था। सुन्दरलाल सगर ने लिखा था कि 'हम अपने राष्ट्र, देश, वंश और जाति के बारे में अपने इतिहास से ही जानते है।

यह किताब प्रश्नोत्तर शैली में लिखी गई थी, जिसमें अज्ञानी जाटव को यह ज्ञान दिया गया था कि इतिहास के अभाव तथा अपने समुदाय और उसके अतीत का ज्ञान न होने के कारण ही यदुवंश पददलित और अपवित्र हुआ।

दो हिन्दू वकीलों ने उनके इस प्रयास का विरोध किया कि उनका उपनाम मतदाता सूची में यादव के रूप में लिखा जाए। सगर ने उनके विरुद्ध आगरा के कमिशनर आर. एल. एच. क्लार्क की अदालत में प्रतिवाद दायर किया। उन्होंने गर्व के साथ क्लार्क की अदालत में कहा, 'यह किताब (जाटव जीवन) सुन्दरलाल यादव ने लिखी है, जो स्पष्ट रूप से यह साबित करती है कि वास्तव में सारे जाटव यादव हैं।'

एक महत्वपूर्ण बात वह यह भी लिखते हैं कि जाटवों के पूर्वजों ने परशुराम के विरुद्ध युद्ध किया था। पर, इस युद्ध में क्षत्रिय पराजित हो गए थे। अतः जाटव अपने उत्पीड़न से बचने के लिए पृथ्वी से पलायन करके जंगलों में जाकर छिप गए और अपनी क्षत्रिय पहिचान छिपाकर शिल्पकार बनकर रहने लगे।

इस प्रकार उन्होंने अपना शुद्ध सामाजिक स्तर खो दिया। उसी समय से जाटवों के विरुद्ध ब्राह्मणों का भेदभाव

आरम्भ हो गया और वे चमार अछूत बन गए। सगर का जोर इस बात पर था कि 'जाटव' यादव का अपभ्रंश है।

निश्चित रूप से इन इतिहासों की पौराणिक कहानिया ब्राह्मणों के द्वारा ही चमारों का हिन्दूकरण करने के उद्देश्य से गढ़ी गई थीं। 1920 के दशक के चमारों के इतिहास में उत्तर प्रदेश के चमारों का व्यापक सामाजिक आधार मिलता है।

पुलिस रिपोर्टों में 1920 और 1928 के दौरान चमारों के अनगिनत प्रतिरोध दर्ज हैं। लेकिन इन प्रतिरोधों की खबरें हिन्दी के राष्ट्रीय अखबारों में नहीं मिलतीं। 'प्रताप', 'अभ्युदय' और 'आज' जैसे कुछ हिन्दी पत्रों में भी उन पर तब खबरें छापीं, जब काग्रेस और कुछ हिन्दू संगठनों ने उनके बीच अस्पृश्यता-विरोधी अभियान शुरु किए।

यद्यपि चमारों के संघर्ष देशभर में हुए थे, परन्तु पुलिस रिपोर्ट के अनुसार सबसे अधिक आन्दोलन उत्तर प्रदेश में हुए थे। जाटव महासभा की सबसे ज्यादा शाखाए पश्चिमी उत्तर प्रदेश में थीं और इसी क्षेत्र में चमार अपनी अस्मिता के लिए सबसे अधिक संगठित थे।

यहा इस तथ्य को उजागर करना करना आवश्यक है कि चमारों के संघर्ष अंग्रेज सरकार के प्रति निष्ठावान थे। उनकी गतिविधिया 1920-22 में काग्रेस के द्वारा शुरु किए गए असहयोग आन्दोलन के विपरीत थीं।

पुलिस रिपोर्ट्स बताती हैं कि पश्चिमी उत्तर प्रदेश के लगभग सभी जिलों में चमारों ने सभाए करके अंग्रेजों के समर्थन और असहयोग आन्दोलन के विरोध में प्रस्ताव पास किया था। चमारों के संघर्ष का मुख्य एजेण्डा दो बातों पर जोर देता था- एक, अपने बच्चों की शिक्षा के लिए नगर पालिकाओं

से स्कूल खुलवाने पर और दो, 'बेगारी' की प्रथा को खत्म कराने पर, जो उन काल में दलितों का सबसे बड़ा उत्पीड़न था।

बेगारी का प्रतिरोध 1920 के दशक का मुख्य दलित आन्दोलन था। अवध क्षेत्र में दलितों ने 1921-22 के किसान सभा आन्दोलन में भाग लिया था, जो 'बेदखली' और 'बेगारी' के खिलाफ शुरु हुआ था।

अप्रैल 1928 के हिन्दी साप्ताहिक 'प्रताप' ने बेगारी के खिलाफ कानपुर की रैदास सभा के दो दिवसीय सम्मेलन पर अपनी रिपोर्ट प्रकाशित की थी।

इस काल में आर्य समाज के जागरण का उल्लेख करना भी जरूरी है। उन्नीसवीं सदी में हिन्दुओं को इस्लाम और ईसाईयत के प्रभाव से बचाने के लिए आर्य समाज का उद्भव हुआ।

इसके संस्थापक स्वामी दयानन्द ने वर्ण-व्यवस्था का विरोध तो नहीं किया, परन्तु वेदों और मनु-वचनों की नई व्याख्या करके अस्पृश्यता को अमान्य करार दिया, शूद्र-शिक्षा का समर्थन किया और कुलीन शूद्रों को वेदाध्ययन का पात्र माना।

बीसवीं सदी के पहले-दूसरे दशकों में उसके नेताओं ने जातपात के खिलाफ मुहिम चलाई और दलितों के लिए आर्य समाजी स्कूल खोले। चूँकि शोषितों को परिवर्तन और शोषकों को यथास्थिति पसन्द होती है, इसलिए शोषित जन हर उस विचारधारा के साथ आसानी से खड़े हो जाते हैं, जो उन्हें उनकी पतित स्थिति से उबारकर उनके उत्थान का मार्ग प्रशस्त करती है।

इसलिए वे आर्य समाज की ओर भी तेजी से आकर्षित हुए और बड़ी संख्या में दलित वर्गों ने आर्य समाज अपनाकर अपनी 'आर्य' पहिचान बनाई। आर्य समाज ने एक बड़े पैमाने पर दलितोद्धार का मिशन चलाया, जिसने दलित वर्गों में अनेकों नामी गिरामी आर्य प्रचारक पैदा किए।

पिछड़े वर्ग से सन्तराम बी.ए. जैसा क्रान्तिकारी आर्य समाजी पैदा हुआ, जिसने 'जातपात तोड़क मण्डल' बनाकर पूरे देश का ध्यान खींचा था। इसी मण्डल के वार्षिक अधिवेशन में डॉ. आंबेडकर को व्याख्यान देने के लिए आमन्त्रित किया गया था।

हिन्दी क्षेत्र में चमार जाति से स्वामी अछूतानन्द 'हरिहर' भी आर्य समाजी थे, जिन्होंने बाद में आर्य समाज छोड़कर 1923 में 'आदि हिन्दू' आन्दोलन चलाकर दलितों की नई पहिचान 'आदि हिन्दू' की बनाई थी। उन्होंने 1927 'आदि हिन्दू महासभा' का गठन किया था, जो मालवीय और सावरकर जैसे उच्च हिन्दुओं की 'हिन्दू महासभा' से दलितों को जोड़ने के विरुद्ध एक बड़ा राजनीतिक कदम था।

इसी वर्ष उसके हजारों कार्यकर्ताओं ने लखनऊ में साइमन कमीशन का भव्य स्वागत किया और उसे अछूतों की समस्याओं से अवगत कराया। इस तरह उसने अछूतों को संगठित करने में महत्वपूर्ण भूमिका निभाई थी।

अब चँवर पुराण की कथा और चमारों की क्षत्रिय पहचान का दावा पीछे छूट गया था। इसी समय दक्षिण में भी 'आदि हिन्दू' और 'आदि द्रविड' तथा पंजाब में 'आदधर्मी' आन्दोलन चल रहे थे। इन आन्दोलनों ने दलित वर्गों में यह स्थापित करने में सफलता प्राप्त की कि शूद्र और अछूत बनाई

गई जातिया मूलनिवासी हैं और शेष सब बाहर से आए हुए आर्य हमलावर हैं।

आदि हिन्दू महासभा केवल अछूतों का संगठन नहीं था, बल्कि पिछड़े वर्गों का भी था। इसलिए इस संगठन से बड़ी संख्या में बहुजन समाज के बुद्धिजीवी जुड़े हुए थे, जिनमें राम सहाय पासी, रामचरण मल्लाह, शिवदयाल चौरसिया, चौधरी बुद्धदेव रैदास, भगौती प्रसाद कुरील, चौधरी होरी लाल, महादेव प्रसाद धानुक, बदलूराम रसिक, रामचरण भुर्जी, एकवोकेट गौरीशंकर पाल, और चन्द्रिका प्रसाद जिज्ञासु प्रमुख थे।

1932 में पूना पैक्ट के बाद, जो दलित वर्गों के राजनीतिक अधिकारों के सम्बन्ध में डॉ. आंबेडकर और महात्मा गाधी के बीच हुआ था, अछूत जातिया दलित वर्ग बनीं।

राजनीतिक मुद्दे पर काग्रेस और गाधी के पूरे नाटक में 'आदि हिन्दू महासभा' डॉ. आंबेडकर के पक्ष में खड़ी थी। इसलिए स्वामी जी की मृत्यु (1937) के बाद उसका विलय 1940 में डॉ. आंबेडकर के राजनीतिक दल 'शेड्यूल्ड कास्ट फेडरेशन' में हो गया था।

1956 में 'शेड्यूल्ड कास्ट फेडरेशन' भंग हुआ और भारतीय रिपब्लिकन पार्टी अस्तित्व में आई। इस पूरे शूद्र आन्दोलन को 'बहुजन आन्दोलन' का नाम देने का श्रेय इस युग के महान बहुजन लेखक चन्द्रिका प्रसाद जिज्ञासु को जाता है, जिन्होंने अपनी कलम से इस तथ्य को रेखाकित किया कि देश की 80 प्रतिशत जनता श्रमजीवी किसानों, मजदूरों, शिल्पकारों, अछूतों, पिछड़ी जातियों और जनजातियों की है, जो हिन्दू समाज में शोषित वर्ग है। उन्होंने

इसे बहुजन समाज का नाम दिया और अपनी कलम से हिन्दी क्षेत्र में व्यापक नवजागरण किया

(१३)

महामना ज्योतिराव फुले तथा 'सत्य-शोधक समाज'

भारत में सामाजिक न्याय की जरूरत शताब्दियों से रही है। परंतु उसे लक्ष्य बनाकर सार्थक, सशक्त एवं सफल आंदोलन चलाने का श्रेय प्रथमत: फुले को ही जाता है। उन्होंने जातिप्रथा, पुरोहितवाद के साथ-साथ समाज में बड़े पैमाने पर व्याप्त आर्थिक-सामाजिक एवं सांस्कृतिक भ्रष्टाचार के विरुद्ध आवाज बुलंद की। यह मानकर कि हिंदू धर्म से टकराए बगैर जाति सहित, समाज में व्याप्त तरह-तरह की कुरीतियों का समाधान असंभव है, उन्होंने हिंदू धर्म को सीधी चुनौती पेश की।

हजारों वर्षों से मिथ एवं पुराकथाएं जनसाधारण के लिए शास्त्र का काम करती आई हैं, यह देखते हुए फुले ने 'गुलामगिरी' में लोक-प्रचलित मिथों की पड़ताल की। फलस्वरूप ऐसे आंदोलन का जन्म हुआ, जो आगे चलकर देश के विभिन्न भागों में जातिवाद विरोधी आंदोलनों की प्रेरणा बना।

महामना ज्योतिराव फुले

ज्योतिबा फुले का जन्म एक साधारण माली परिवार में पेशवाई का गढ़ कहे जाने वाले पुणे में हुआ था। पेशवाई शासक जातीय दंभ तथा अस्पृश्यों पर अत्याचार के लिए जाने

जाते हैं। शूद्रों और अतिशूद्रों को जातीय उत्पीड़न से मुक्ति दिलाने के लिए फुले ने उन्हें संगठित होने की सलाह दी।

अपनी पत्नी सावित्रीबाई फुले तथा अन्य सहयोगियों की मदद से उन्होंने कई शिक्षण संस्थाओं की स्थापना की। लोगों को अशिक्षा, पुरोहितशाही, जातीय भेदभाव, उत्पीड़न, भ्रष्टाचार आदि के विरुद्ध जागरूक करने हेतु जो पुस्तकें उन्होंने रचीं—उनमें गुलामगिरी, किसान का कोड़ा, ब्राह्मणों की चालाकी, तीन रत्न (नाटक) आदि प्रमुख हैं।

'सत्य शोधक समाज' की स्थापना

आंदोलन को संगठित रूप आगे बढ़ाने हेतु उन्होंने 24 सितंबर, 1873 को 'सत्य शोधक समाज' की नींव रखी। उन दिनों समाज सुधार का दावा करने वाले, 'ब्रह्म समाज' (राजा राममोहन राय), 'प्रार्थना समाज' (केशवचंद सेन), पुणे सार्वजनिक सभा (महादेव गोविंद रानाडे) जैसे अनेक संगठन कार्यरत थे। लेकिन वे सभी द्विजों द्वारा, द्विजों की हित-सिद्धि के बनाए गए थे। वे चाहते थे कि समाज में जाति रहे, बस जातिभेद चला जाए।

शूद्रों-अतिशूद्रों की शिक्षा को लेकर राजा राममोहन राय और केशवचंद सेन दोनों के विचार था कि पहले समाज के उच्च वर्गों में शिक्षा के न्यूनतम स्तर को प्राप्त कर लिया जाए। ऊपर के स्तर पर शिक्षा अनुपात बढ़ेगा तो उसका अनुकूल प्रभाव निचले स्तर पर भी देखने को मिलेगा।

अर्थशास्त्र की भाषा में इसे 'रिसाव का सिद्धांत' कहते हैं। इसके अनुसार ऊपर के वर्गों की समृद्धि धीरे-धीरे रिसकर समाज के निचले वर्गों तक पहुंचती रहती है। वे भूल जाते थे कि प्राचीनकाल में जब हर द्विज बच्चे को अनिवार्यतः गुरुकुल जाना पड़ता था, ब्राह्मणों का शिक्षानुपात लगभग शत-प्रतिशत

होता था, निचली जातियों का शिक्षानुपात शून्य पर टिका रहता था।

सत्यशोधक समाज के उद्देश्य

'सत्य शोधक समाज' के गठन के प्रमुख उद्देश्य थे— 'शूद्रों-अतिशूद्रों को भट्ट, जोशी, पुजारी, पुरोहित, सूदखोर आदि की सामाजिक-सांस्कृतिक दासता से मुक्ति दिलाना। धार्मिक-सांस्कृतिक कार्यों में ब्राह्मण पुरोहित की अनिवार्यता को खत्म करना। शूद्र-अतिशूद्रों को शिक्षा के लिए प्रोत्साहित करना, ताकि वे उन धर्मग्रंथों को स्वयं पढ़-समझ सकें जिन्हें ब्राह्मणों ने अपने स्वार्थ के लिए गढ़ा है।

सामूहिक हितों की प्राप्ति के लिए उनमें एकजुटता का भाव पैदा करना। धार्मिक एवं जाति-आधारित उत्पीड़न से मुक्ति दिलाना। पढ़े-लिखे शूद्रातिशूद्र युवाओं के लिए प्रशासनिक क्षेत्र में रोजगार के अवसर उपलब्ध कराना।

सत्य-शोधक समाज का फैलाव

शूद्रों एवं अतिशूद्रों का फुले पर विश्वास था। इसलिए 'सत्य शोधक समाज' को भी उन्होंने हाथों-हाथ लिया। कुछ ही वर्षों में उसकी शाखाएं मुंबई और पुणे के शहरी, कस्बाई एवं ग्रामीण क्षेत्रों में खुलने लगीं। एक दशक के भीतर तो वह संपूर्ण महाराष्ट्र में पैठ जमा चुका था। समाज की सदस्यता सभी के लिए खुली थी, फिर भी मांग, महार, मातंग, कुन्बी, माली जैसी अस्पृश्य एवं अतिपिछड़ी जातियां तेजी से उससे जुड़ने लगीं।

लोगों ने शादी-विवाह, नामकरण आदि अवसरों पर ब्राह्मण पुरोहितों को बुलाना छोड़ दिया। इससे ब्राह्मणों ने निचली जातियों को यह कहकर भड़काना शुरू कर दिया कि बिना पुरोहित के उनकी प्रार्थनाएं ईश्वर तक नहीं पहुंच पाएंगीं।

घबराए हुए लोग फुले के पास गए। फुले ने उन्हें समझाया कि तमिल, बंगाली, कन्नड़ आदि गैर-संस्कृत भाषी लोगों की प्रार्थनाएं ईश्वर तक पहुंच सकती हैं, तो उनकी अपनी भाषा में की गई प्रार्थना को ईश्वर भला कैसे अनसुना कर सकता है।

उन्होंने कहा कि जहां बहुत जरूरी हो, वहां अपनी ही जाति के अनुभवी व्यक्ति को पुरोहित की जिम्मेदारी सौंपी जा सकती है। स्वयं फुले ने कई अवसर पर पुरोहिताई की।

बिना पुरोहित के विवाह-संस्कार

एक परिवार में शादी होने वाली थी। पुरोहितों ने घर आकर डराया कि बिना ब्राह्मण एवं संस्कृत मंत्रों के हुआ विवाह ईश्वर की दृष्टि में अशुभ माना जाएगा। उसके अत्यंत बुरे परिणाम होंगे।

गृहणी सावित्रीबाई फुले को जानती थी। फुले को पता चला उन्होंने 'सत्यशोधक समाज' के बैनर तले विवाह संपन्न कराने का ऐलान कर दिया। सैकड़ों सदस्यों की उपस्थिति में वह विवाह खुशी-खुशी संपन्न हुआ। प्रत्येक व्यक्ति कोई न कोई उपहार लेकर पहुंचा था। उस घटना के बाद ब्राह्मण सतर्क हो गए।

एक अन्य घटना में ब्राह्मणों ने घुड़सवार भेजकर दूल्हे के पिता को धमकी दी। लोगों को यह कहकर भड़काया कि फुले उन्हें ईसाई बना देना चाहते हैं। लेकिन फुले इन धमकियों से कहां डरने वाले थे। अप्रिय घटना से बचने के लिए उन्होंने प्रशासन से मदद मांगी। पुलिस की निगरानी में वह विवाह सफलतापूर्वक संपन्न हो सका।

लोगों तक बातें पहुंचाने का निराला अंदाज

ज्योतिराव अपना संदेश लोगों तक कैसे पहुंचाते थे, इसका एक रोचक किस्सा रोजलिंड ओ' हेनलान ने अपनी पुस्तक दिया है। एक बार फुले अपने मित्र ज्ञानोबा सासने के साथ पुणे के बाहर स्थित एक बगीचे के भ्रमण के लिए गए।

वहां एक कुआं था, जिससे उस बगीचे की सिंचाई होती थी। जैसे ही दोपहर का अवकाश हुआ, सभी मजदूर खाना खाने बैठ गए। यह देख फुले कुएं तक पहुंचे और कुएं के डोल को चलाने लगे। काम करते-करते उन्होंने गाना भी शुरू कर दिया। मजदूर उन्हें देखकर हंसने लगे।

फुले ने उन्हें समझाया, 'इसमें हंसने जैसा कुछ नहीं है? मजदूर लोग काम करते हुए अकसर गाते-बताजे हैं। केवल मेहनत से जी चुराने वाले लोग ही फुर्सत के समय वाद्ययंत्रों का शौक फरमाते हैं। असली मेहनतकश जैसा काम करता है, वैसा ही अपना संगीत गढ़ लेता है।'

सत्य शोधक समाज के माध्यम से फुले ने शूद्रों और अतिशूद्रों को अपने विकास और मान-प्रतिष्ठा अर्जित करने का जो रास्ता करीब 146 वर्ष पहले दिखाया था, सामाजिक न्याय के संदर्भ में आज भी उतना ही जरूरी और प्रासंगिक है

(१४)

बाबा सहब डा॰ अम्बेडकर का जातिबाद से सामना

बाबा साहब डॉ. अम्बेडकर ने अपनी किताब 'पाकिस्तान ऑर दी पार्टिशन आफ इण्डिया' (1940) में चेताया था कि ''अगर हिन्दू राज हकीकत बनता है, तब वह इस मुल्क के लिए सबसे बड़ा अभिशाप होगा।

हिन्दू कुछ भी कहें, हिन्दू धर्म स्वतन्त्रता, समता और बन्धुता के लिए खतरा है। उस आधार पर वह लोकतन्त्र के साथ मेल नहीं खाता है। हिन्दू राज को किसी भी कीमत पर रोका जाना चाहिए।

बाबा साहब डॉ.अम्बेडकर के लिए हिंदू राष्ट्र का सीधा अर्थ द्विज वर्चस्व की स्थापना था यानी ब्राह्मवाद की

स्थापना था। वे हिंदू राष्ट्र को मुसलमानों पर हिंदुओं के वर्चस्व तक सीमित नहीं करते थे, जैसा कि भारत का प्रगतिशील वामपंथी या उदारवादी लोग करते हैं। उनके लिए हिंदू राष्ट्र का मतलब दलित, ओबीसी और महिलाओं पर द्विजों के वर्चस्व की स्थापना था।

बाबा साहब डॉ. अम्बेडकर ने अपनी किताब 'प्राचीन भारत में क्रान्ति और प्रतिक्रान्ति' में स्पष्ट शब्दों में कहा है कि 'सबसे पहले तो हमें यह तथ्य स्वीकार करना होगा कि भारत में साझी संस्कृति जैसी कोई चीज ही नहीं रही है।

ऐतिहासिक रूप से यहाँ तीन भारत रहे हैं- ब्राह्मण भारत, बौद्ध भारत और हिन्दू भारत।' इसी किताब में वे आगे कहते हैं कि मुसलमानों के आक्रमण से पहले ब्राह्मण धर्म और बौद्ध धर्म के बीच तीखा संघर्ष चला। इस संघर्ष में बौद्ध धर्म ने ब्राह्मण धर्म को पराजित कर दिया था। वे इसी किताब में लिखते हैं कि 'अशोक ने बुद्ध धम्म को राजकीय धर्म घोषित कर दिया।

सचमुच यह ब्राह्मणवाद के लिए बहुत बड़ा धक्का था। इससे ब्राह्मणों को राज्य का संरक्षण मिलना बन्द हो गया। अशोक साम्राज्य में उन्हें गौण या अधीनस्थों का दर्जा दिया जाने लगा और उनकी अवहेलना की जाने लगी।

निःसन्देह कहा जा सकता है कि ब्राह्मण धर्म को दबा दिया गया, क्योंकि अशोक ने सभी पशुओं की बलि पर रोक लगा दी, जिस पर ब्राह्मणवाद टिका हुआ था। इस प्रकार ब्राह्मणों को न केवल राज्य का संरक्षण मिलना बन्द हो गया

बल्कि उनका व्यवसाय भी छिन गया। यह व्यवसाय था, यज्ञ कर्म करना और उसके बदले में शुल्क लेना, जो बहुत अधिक होता था। इस प्रकार 140 वर्षों तक मौर्य साम्राज्य रहा और इस दौरान ब्राह्मण लोग दलित और दमित वर्गों की तरह रहे।

फिर ब्राह्मणों ने साजिश रचना शुरू किया कि कैसे बौद्ध धम्म को पराजित करके ब्राह्मणों के वर्चस्व को फिर से कायम किया जाए। इस साजिश का वर्णन करते हुए बाबा साहब अपनी किताब 'प्राचीन भारत में क्रान्ति और प्रतिक्रान्ति' में कहते हैं कि दुखी ब्राह्मणों के पास बौद्ध साम्राज्य के विरुद्ध विद्रोह करने के अतिरिक्त दूसरा कोई उपाय नहीं था। यही विशेष कारण था, जिससे पुष्यमित्र ने मौर्य साम्राज्य के विरुद्ध विद्रोह का नेतृत्व किया।

पुष्यमित्र 'शुंग' गोत्र का था। शुंग लोग सामवेदी ब्राह्मण होते थे, जो पशुबलि और सोमबलि में विश्वास करते थे। इसलिए समूचे मौर्य साम्राज्य में पशुबलि निषिद्ध होने और अशोक द्वारा जगह-जगह शिलालेखों आदि पर उसकी घोषणा खुदवा देने से शुंगों को स्वाभाविक तौर पर अनेक कष्ट भोगने पड़ रहे थे।

पुष्यमित्र एक सामवेदी ब्राह्मण था, और अगर उसने ब्राह्मणों को ह्रास के लिए जिम्मेदार बौद्ध साम्राज्य को नष्ट कर ब्राह्मणों का उद्धार करने और उन्हें अपने धर्म के पालन की छूट देने का बीड़ा उठाया तो, यह कोई आश्चर्य की बात नहीं थी। पुष्यमित्र द्वारा की गयी राजहत्या का उद्देश्य राज्यधर्म के रूप में बुद्ध-धम्म को नष्ट करना और ब्राह्मणों को भारत का सम्प्रभु शासक बनाना था, जिससे राजा की राजनीतिक सत्ता

की सहायता से बुद्ध धम्म पर ब्राह्मण धर्म की विजय हो सके।....

मौर्य साम्राज्य के विरुद्ध पुष्यमित्र ने जिस प्रतिक्रान्ति का सूत्रपात किया, उसका लक्ष्य बुद्ध धर्म का विनाश (अन्तिम मौर्य सम्राट वृहद्रथ की हत्या करके) और उसके स्थान पर ब्राह्मणवाद को स्थापित करना था, जो विधि संहिता के रूप में मनुस्मृति को अपनाये जाने के बारे में की गई उसकी घोषणा से स्पष्ट है।

पुष्यमित्र की बुद्ध-धम्म के प्रति निर्दयता का अनुमान बौद्ध भिक्खुओं के विरुद्ध जारी उसकी घोषणा से लगाया जा सकता है। इस घोषणा में पुष्यमित्र ने हर बौद्ध भिक्खु के कटे हुए सिर की कीमत सौ स्वर्ण मुद्रायें निर्धारित की थीं।

बाबा साहेब आगे लिखते हैं 'यहाँ दुख इस बात का है कि यह धर्म के नाम पर किया गया। लेकिन जिस किसी ने ब्राह्मणवाद को भलीभांति समझ लिया है, उसे इससे दुखी होने की कोई जरूरत नहीं है। ब्राह्मणवाद के लिए धर्म तो लोभ और स्वार्थ की राजनीति करने के लिए एकमात्र आवरण मात्र हैं। इसी ब्राह्मणवाद को बाद में हिन्दू धर्म नाम मिला और वह हजारों वर्षों तक शूद्रों-अतिशूद्रों और स्त्रियों को नारकीय जीवन जीने के लिए विवश किया।

ब्राह्मणवाद ने अपने का हिन्दुत्व के आवरण में ढंकने की कोशिश की। ब्राह्मणवाद को ही हिन्दुत्व नाम दे दिया गया। मध्यकाल में हिन्दुत्व नाम दे दिया गया। मध्यकाल में हिन्दुत्व

को कबीर-रैदास ने चुनौती दी, लेकिन इनका प्रभाव सीमित स्तर पर ही पड़ा।

आधुनिक काल में जोती राव फुले ने ब्राह्मणवाद के हिन्दुत्ववाद पर कड़ा प्रहार किया। लेकिन जिस व्यक्तित्व ने हिन्दुत्व की नींव हिला दी, उस व्यक्तित्व को आज सारी दुनिया बाबा साहब भीमराव आंबेडकर के रूप में जानती है, उन्होंने गौतम बुद्ध, कबीर और जोतीराव फुले को अपना गुरू मानते हुए हिन्दुत्व पर चौतरफा हमला बोला।

हिन्दुओं के धर्म, संस्कृति, मानसिकता, परम्परा, धर्मग्रन्थों और उनके ईश्वरी अवतारों राम-कृष्ण एवं उनके ऋषियों-महर्षियों पर बाबा साहेब ने इतना तथ्यपरक और तार्किक और न्यायपूर्ण ढंग से बाबा साहेब ने चोट किया कि हिन्दुओं के पुरोधा बौखला उठे, बाबा साहेब पर चारों ओर से, बौखलाए हिन्दुओं ने आक्रमण शुरू कर दिया।

इसमें तथाकथित महात्मा कहे जाने वाले गांधी भी शामिल थे। बाबा साहेब की किताब 'जाति का उच्छेद' से गांधी इतने मर्माहत हुए कि उन्होंने बाबा साहेब की इस किताब पर एक लम्बा लेख लिखा। बाबा साहेब ने गांधी के इस लेख का भी करारा जवाब दिया। गांधी ने अपने लेख में लिखा कि "डा आंबेडकर हिन्दुत्व के लिए एक चुनौती है।" अपने इस लेख में गांधी ने जाति व्यवस्था की जननी वर्णव्यवस्था का खुलकर समर्थन किया।

इतिहास इस बात का साक्षी है कि भारत के तीन हजार सालों के इतिहास ने जिस व्यक्तित्व ने ब्राह्मणवाद के पोषक हिन्दुत्व को सबसे निर्णायक चुनौती दी, उस व्यक्ति का

नाम डॉ. आंबेडकर है, उन्होंने न केवल हिन्दुत्व को चुनौती दी, साथ ही उसका सामाजिक, राजनीतिक, आर्थिक और धार्मिक विकल्प भी पेश किया। उन्होंने हिन्दुत्व को पूरी तरह से खारिज कर दिया और साफ शब्दों में कहा कि हिन्दुत्व के पास मनुष्यता को देने के लिए कुछ भी नहीं है।

उन्होंने अपनी किताब 'जाति का उच्छेद' में गांधी के प्रश्नों का जवाब देते हुए यह बताया कि वे क्यों हिन्दुओं और हिन्दू धर्म से घृणा करते करते हैं। उन्होंने लिखा कि ''मैं हिन्दुओं और हिन्दू धर्म से इसलिए घृणा करता हूँ, उसे तिरस्कृत करता हूँ क्योंकि मैं आश्वस्त हूँ कि वह गलत आदर्शों को पोषित करता है और गलत सामाजिक जीवन जीता है। मेरा हिन्दुओं और हिन्दू धर्म से मतभेद उनके सामाजिक आचार में केवल कमियों को लेकर नहीं है। यह झगड़ा ज्यादातर सिद्धांतों को लेकर है, आदर्शों को लेकर है।''

बाबा साहब डॉ. अम्बेडकर साफ शब्दों में कहते हैं कि हिन्दू धर्म के प्रति उनकी घृणा का सबसे बड़ा कारण जाति है, उनका मानना था कि हिन्दू धर्म का प्राण जाति है और इन हिन्दुओं ने अपने इस जाति के जहर को सिक्खों, मुसलमानों और क्रिश्चियनों में भी फैला दिया है। वे लिखते हैं कि ''इसमें कोई सन्देह नहीं कि जाति आधारभूत रूप से हिन्दुओं का प्राण है। लेकिन हिन्दुओं ने सारा वातावरण गन्दा कर दिया है और सिक्ख, मुस्लिम और क्रिश्चियन सभी इससे पीड़ित हैं।''

'जाति का उच्छेद' किताब का उद्देश्य बताते हुए उन्होंने लिखा है कि ''मैं हिन्दुओं को यह अहसास कराना

चाहता हूँ कि वे भारत के बीमार लोग हैं, और उनकी बीमारी अन्य भारतीयों के स्वास्थ्य और खुशी के लिए खतरा है''

इसका कारण बताते हुए वे लिखते हैं कि ''हिन्दुओं की पूरी की पूरी आचार-नीति जंगली कबीलों की नीति की भांति संकुचित एवं दूषित है, जिसमें सही या गलत, अच्छा या बुरा, बस अपने जाति बन्धु को ही मान्यता है। इनमें सद्गुणों का पक्ष लेने तथा दुर्गुणों के तिरस्कार की कोई परवाह न होकर, जाति का पक्ष लेने या उसकी अपेक्षा का प्रश्न सर्वोपरि रहता है।''

बाबा साहब डॉ. आंबेडकर को हिन्दू धर्म में अच्छाई नाम की कोई चीज नहीं दिखती थी, क्योंकि इसमें मनुष्यता या मानवता के लिए कोई जगह नहीं है। अपनी किताब 'जाति का उच्छेद' में उन्होंने दो टूक लिखा है कि 'हिन्दू जिसे धर्म कहते हैं, वह कुछ और नहीं, आदर्शों और प्रतिबन्धों की भीड़ है। हिन्दू-धर्म वेदों व स्मृतियों, यज्ञ-कर्म, सामाजिक शिष्टाचार, राजनीतिक व्यवहार तथा शुद्धता के नियमों जैसे अनेक विषयों की खिचड़ी संग्रह मात्र है।

हिन्दुओं का धर्म बस आदेशों और निषेधों की संहिता के रूप में ही मिलता है, और वास्तविक धर्म, जिसमें आध्यात्मिक सिद्धान्तों का विवेचन हो, जो वास्तव में सर्वजनीन और विश्व के सभी समुदायों के लिए हर काम में उपयोगी हो, हिन्दुओं में पाया ही नहीं जाता और यदि कुछ थोड़े से सिद्धान्त पाये भी जाते हैं तो हिन्दुओं के जीवन में उनकी कोई महत्वपूर्ण भूमिका नहीं पायी जाती। हिन्दुओं का धर्म ''आदेशों और निषेधों'' का ही धर्म है।

बाबा साहेब हिन्दुओं की पूरी व्यवस्था को ही घृणा के योग्य मानते हैं। उन्होंने लिखा कि ''इस प्रकार यह पूरी व्यवस्था ही अत्यन्त घृणास्पद है, हिन्दुओं का पुरोहित वर्ग (ब्राह्मण) एक ऐसा परजीवी कीड़ा है, जिसे विधाता ने जनता का मानसिक और चारित्रिक शोषण करने के लिए पैदा किया है... ब्राह्मणवाद के जहर ने हिन्दू-समाज को बर्बाद किया है।'' बाबा साहेब ने इसी किताब में बिना किसी भय के स्पष्ट शब्दों में कहा है कि ''यदि मुसलमान क्रूर थे तो हिन्दू नीच रहे हैं और नीचता, क्रूरता से भी बदतर गुण होता है।''

हिन्दुओं की नीचता के कारणों की व्याख्या करते हुए वे लिखते हैं कि ''ब्राह्मणों ने क्षत्रियों को बेवकूफ बनाया और इन दोनों ने वैश्यों को अपने आश्रित बना लिया। लेकिन तीनों ने मिलकर शूद्रों के दबाए रखना तय किया। शूद्रों को सम्पत्ति जोड़ने से रोका गया, क्योंकि सम्पत्ति पाकर कहीं ऐसा न हो कि वह तीनों वर्गों से स्वतंत्र हो जायें। उसे ज्ञान पाने से रोका गया, क्योंकि कहीं अपने हितों के प्रति सजग न हो जायें। उसे हथियार रखने पर रोक लगायी गई कि कहीं वह व्यवस्था के खिलाफ विद्रोह न कर बैठे।''

बाबा साहब डॉ. अम्बेडकर का स्पष्ट तौर पर मानना था कि हिन्दू धर्म ने जो अयोग्यतायें शूद्रों पर थोपीं और उन्हें तीन वर्णों का पूरी तरह गुलाम बना दिया। उनके जीवन को धार्मिक, सामाजिक, राजनीतिक और आर्थिक तौर पर ऐसा बना दिया कि उनके जीवन को किसी भी तरह से मनुष्य का जीवन नहीं कहा जा सकता था, सच तो यह है कि शूद्रों का जीवन पशुओं से भी बदतर बना दिया गया। यही काम ब्राह्मणवाद, हिन्दू धर्म ने और इसके संहिताकार मनु ने स्त्रियों के साथ किया।

बाबा साहब डॉ. अम्बेडकर ने अपनी किताब 'प्राचीन भारत में क्रान्ति और प्रतिक्रान्ति' और 'हिन्दू नारी का उत्थान और पतन' में लिखा है कि 'मनु स्त्री का स्थान शूद्र के स्थान के समान मानता है। वेदों का अध्ययन स्त्री के लिए मनु द्वारा उसी प्रकार वर्जित किया गया है, जैसे शूद्रों के लिए।' इस बात को मनु के श्लोकों के माध्यम से बाबा साहब पुष्टि करते हैं। मनु लिखता है कि-

**'नास्ति स्त्रीणां क्रिया मन्त्रैरिति धर्मे व्यवस्थितिः।
निरिन्द्रिया ह्यमन्त्राश्च स्त्रियोऽनृतयिति स्थितिः।।**

(स्त्रियों को वेद पढ़ने का कोई अधिकार नहीं है, इसलिए उनके संस्कार वेद-मन्त्रों के बिना किए जाते हैं। क्योंकि स्त्रियों को वेद को जानने का अधिकार नहीं है इसलिए उन्हें धर्म का कोई ज्ञान नहीं होता। पाप दूर करने के लिए वेद-मन्त्रों का पाठ जरूरी है। क्योंकि स्त्रियां वेद का अध्ययन नहीं कर सकतीं, इसलिए वे उसी तरह अपवित्र होती हैं, जिस तरह असत्य अपवित्र होता है।)

मनु शूद्रों की तरह ही स्त्रियों को भी पीटने की अनुमति देता है, उसका कहना है कि-

**भार्या पुत्रश्च दासश्च प्रेष्यो भ्राता च सोदरः।
प्राप्तापराधास्ताड्याः स्यू रज्ज्वा वेणुदलेन वा।**

(स्त्री, पुत्र, दास, शिष्य और छोटा भाई यदि अपराध करे तो उसे रस्सी से बाँधकर लाठी से पीटना चाहिए।)

बाबा साहेब ने लिखा है कि 'मनु जितना शूद्रों के प्रति कठोर है, उससे तनिक भी कम स्त्रियों के प्रति कठोर नहीं है।

ऊपर के थोड़े से विवरणों से इतना तो पता चलता ही है कि डॉ. आंबेडकर किस कदर ब्राह्मणवाद-मनुवाद के पोषक हिन्दू धर्म से घृणा करते थे, और जीवन भर इस बात के लिए अनथक प्रयास करते रहे कि कैसे इस देश को, शूद्रों को और स्त्रियों को हिन्दू धर्म के चंगुल से मुक्त कराया जाए।

(१५)

मान्यवर कासीराम और बहुजन समाज का उदय

कांशीराम, जिन्हें उनके समर्थक स्नेह से महाराष्ट्र में साहेब, उत्तर भारत में साहब या मान्यवर के नाम से बुलाते और याद करते हैं, बहुजन समाज के उन नायकों में से हैं जिन्हें वह सम्मान नहीं मिला जिसके वे अधिकारी थे।

सन् 1980 और 90 के दशक में, जब उन्होंने स्वतंत्र भारत की राजनीति में सबसे महत्वपूर्ण भूमिका अदा की, उस दौर में वे एक रहस्यपूर्ण व्यक्तित्व थे।

कई लोगों की यह मान्यता है कि उन्होंने यह साबित किया कि समाज के हाशिए पर रहने वाले गरीब लोगों की राजनीति, शिक्षितों, बुद्धिजीवियों, शहरी कुलीन वर्ग व उद्योग समूहों की मदद के बगैर सफल हो सकती है।

उन्होंने केवल अपने दम पर भारत के सबसे अधिक आबादी वाले राज्य उत्तर प्रदेश की मुख्यधारा की राजनीति को बदल डाला और इसके साथ ही, भारतीय राजनीति भी बदल गई।

ढांचागत सहारे के बिना खड़ा एक खरा नेता

कांशीराम एक विशुद्ध नेता थे, जिन्होंने समाज के दमित वर्ग के दिलों में अपनी जगह बना ली थी। वे बहुत सरल व्यक्ति थे और शोर-शराबे व दिखावटीपन से दूर रहते थे। वे जनता पर ऊपर से लादे गए ऐसा नेता नहीं थे, जिसकी

एकमात्र योग्यता यह हो कि वह राजनीतिज्ञों के परिवार में पैदा हुआ हो या उसके अभिभावक ऊंची जाति या वर्ग के हों।

वे गांधी, नेहरू, टैगोर, सर्वपल्ली राधाकृष्णन आदि की तरह किसी द्विज जाति से नहीं थे और न ही उन्हें ब्राह्मणवादी सामाजिक ढांचे का समर्थन प्राप्त था। उनकी पारिवारिक पृष्ठभूमि अत्यंत साधारण थी।

वे पंजाब के रोपड़ के एक रामदसिया (चमार, जिन्होंने सिख धर्म अपना लिया है) परिवार में जन्मे थे। उन्होंने ब्राह्मणवादी सामाजिक व्यवस्था की कटु निंदा की व उस पर जोरदार हल्ला बोला और वे इस व्यवस्था के पूरी तरह खिलाफ थे।

वे भारतीय समाज को दो मुख्य वर्गों में बांटते थे-मनुवादी (मनु के धर्मशास्त्र में विश्वास रखने वाले), जो कि भारत की आबादी का 15 प्रतिशत है, और बहुजन, जो बहुसंख्यक 85 प्रतिशत होते हुए भी, मनु के धर्मशास्त्र के शिकार और पीड़ित हैं।

इसलिए उन्होंने यह नारा दिया था 'ठाकुर बामन बनिया छोड़, बाकी सब हैं डीएस 4'। वे न तो विदेश में पढ़े थे और न ही वे कोई महान बुद्धिजीवी थे। वे बहुत अच्छे वक्ता भी नहीं थे। परंतु उनमें अदभुत संगठन क्षमता थी। वे अपने श्रोताओं को अच्छी तरह समझते थे और इसलिए वे अत्यंत सरल भाषा का इस्तेमाल करते थे और वाक्यों को दोहराते भी थे।

आमजनों में उनकी कितनी गहरी पैठ थी, यह उनकी रैलियों में उमड़ने वाली भारी भीड़ से जाहिर होती है। जो लोग उनकी रैलियों में भाग लेते थे वे पैसे या उपहार के लालच में

वहां नहीं आते थे। वे ऐसे लोग थे जो कांशीराम में अटूट विश्वास रखते थे और यह मानते थे कि जिस भविष्य का सपना कांशीराम देख रहे थे, वह एक न एक दिन साकार होगा।

इसलिए यह महत्वपूर्ण है कि एक व्यक्ति के तौर पर उनकी उपलब्धियों को मान्यता दी जाएं। ये उपलब्धियां अनेक तथाकथित उच्च जाति के नेताओं की उपलब्धियों से कहीं खरी और बड़ी थीं।

अपने इतिहास और नेताओं का निर्माण

मान्यवर कांशीराम अपने कार्यकर्ताओं के प्रशिक्षण शिविरों में कहा करते थे कि 'जिन लोगों की गैर-राजनीतिक जड़ें मजबूत नहीं हैं वे राजनीति में सफल नहीं हो सकते'। इसी संदर्भ में मान्यवर ने दलित समाज के इतिहास का निर्माण शुरू किया। जो भी इतिहास उन्हें मिला, वह दलितों के शोषण और उसके खिलाफ उनके संघर्ष का इतिहास था।

भारतीय समाज और जातिवाद

उन्होंने लिखा है कि ब्राह्मणवादी संस्कृति के शिकार बतौर शूद्र और अतिशूद्र, जिन्हें अब पिछड़ा वर्ग (अनुसूचित जाति, अनुसूचित जनजाति व अन्य पिछड़ा वर्ग) कहा जाता है, सदियों तक अंधकार में जीते रहे।

सन् 1848 के आसपास, जोतिराव फुले ने ब्राह्मणवादी संस्कृति के खिलाफ विद्रोह की शुरुआत की। वे आगे लिखते हैं, 'बीसवीं सदी की शुरुआत से पूरे देश के दमित और शोषित समुदाय, उस व्यवस्था के खिलाफ विद्रोह में उठ खड़े हुए जिसके वे सदियों से शिकार बन रहे थे।

यदि भारत के नक्शे को देखा जाए तो उन दिनों उत्तर-पश्चिम से लेकर उत्तर-पूर्व तक और दक्षिण भारत में भी, लगभग हर जगह विद्रोह के लक्षण दिखलाई दे रहे थे।

दलितों व पिछड़ों के इतिहास के साथ-साथ, मान्यवर ने इतिहास के गर्भ से ऐसे बहुजन नेताओं को ढूंढ निकाला, जिन्होंने देश के अलग-अलग हिस्सों में ब्राह्मणवादी सामाजिक व्यवस्था के खिलाफ विद्रोह किया था।

पांच समाज सुधारक जो बहुजन परिवारों में पैदा हुए थे और जिन्होंने ब्राह्मणवादी सामाजिक व्यवस्था के खिलाफ विद्रोह किया था, वे थे महात्मा जोतिबा फुले (महाराष्ट्र) नारायण गुरु (केरल) राजश्री शाहूजी महाराज (महाराष्ट्र), बाबा साहब भीमराव आम्बेडकर (महाराष्ट्र) व ईवी रामासामी नायकर 'पेरियार' (तमिलनाडु)।

इन पांच महान नेताओं को लोकप्रिय बनाने के लिए कांशीराम उनके लिए स्थानीय और आसानी से समझ में आने

वाले शब्दों का प्रयोग करते थे। जैसे फुले के लिए पगड़ी वाला बाबा, शाहूजी महाराज के लिए फेटे वाला या अचकन वाला बाबा, आम्बेडकर के लिए टाई वाला बाबा और पेरियार के लिए दाढ़ी वाला बाबा।

इस प्रकार, मान्यवर कांशीराम ने बहुजनों के संघर्ष का श्रृंखलाबद्ध इतिहास तैयार किया। जब उनका आंदोलन देश के अन्य हिस्सों में फैल गया तब उन्होंने झारखंड की मुण्डा जनजाति के बिरसा मुण्डा और मध्यप्रदेश के गुरु घासीदास को भी इस सूची में जोड़ लिया।

बहुजन मीडिया के शून्य को भरना

बहुजनों के संघर्ष के 158 साल के अविरल इतिहास, जो 1848 में जोतिबा फुले से शुरू होता है, के निर्माण और बहुजन नेताओं को सामने लाने के अतिरिक्त, कांशीराम ने आमजनों को जोड़ने के लिए एक समानांतर बहुजन मीडिया स्थापित करने का प्रयास भी किया।

वे मुख्यधारा के मीडिया को मनुवादी कहते थे। इसलिए उन्होंने अपनी स्वयं की पत्रिकाओं और अखबारों का प्रकाशन शुरू किया। उनकी पहली पत्रिका थी 'द अनटचेबल इण्डिया' (अछूत भारत)। इस पाक्षिक का प्रकाशन 1 जून, 1972 से शुरू हुआ।

सन् 1979 के बाद से उन्होंने बामसेफ के साथ मिलकर 'द आपरेस्ड इण्डियन' नामक मासिक का प्रकाशन शुरू किया। इस पत्रिका में संपादकीय लेख कांशीराम स्वयं लिखा करते थे।

'बहुजन टाइम्स' नामक दैनिक अखबार का प्रकाशन 31 मार्च, 1984 से मराठी, 14 अगस्त, 1984 से अंग्रेजी और 6 दिसम्बर, 1984 से हिन्दी में शुरू हुआ। ये समाचारपत्र नई दिल्ली और महाराष्ट्र से एक साथ प्रकाशित होते थे।

मान्यवर ने कई अन्य मासिकों का भी प्रकाशन शुरू किया जिनके शीर्षक थे 'बहुजन साहित्य', 'श्रमिक साहित्य', 'इकोनोमिक अपसर्ज', 'आर्थिक उत्थान' व 'बीआरसी बुलेटिन'। ये पत्रिकाएं और अखबार धीरे-धीरे पैसे की कमी और पाठक वर्ग के अभाव के कारण बंद हो गए।

कांशीराम ने 'बहुजन संगठक' व 'बहुजन नायक' नाम से क्रमश: हिन्दी और मराठी में नई दिल्ली व महाराष्ट्र से दो साप्ताहिकों का प्रकाशन शुरू किया। बहुजन संगठक तो कांशीराम की मृत्यु के बाद भी कई सालों तक निकलता रहा। इन बहुजन पत्र-पत्रिकाओं ने बहुजनों को जागृत करने में महत्वपूर्ण भूमिका निभाई।

सच्चे प्रजातांत्रिक

कांशीराम गहरे तक प्रजातांत्रिक थे और प्रजातांत्रिक मूल्यों और संवैधानिक प्रक्रियाओं में विश्वास रखते थे। वे राजनीतिक चुनावों और बहुजनों को संविधान द्वारा दिए गए मताधिकार के महत्व से परिचित थे।

वे मानते थे कि मताधिकार के साथ-साथ 'एक व्यक्ति-एक मत' व 'एक मत-एक मूल्य' के सिद्धांत सभी नागरिकों की समानता के स्रोत हैं। परंतु इससे लाभ तभी उठाया जा सकता है जब 'आप अपने मत का इस्तेमाल पूरी बारीकी और होशियारी से करना सीख जाएं।'

उन्होंने अपने समर्थकों को उनके वोट का उचित इस्तेमाल करना सिखाया। यहां तक कि वे यह वकालत भी करते थे कि बहुजन मतदान के दिन उपवास रखें। वे चाहते थे कि जातियों में बुरी तरह विभाजित भारतीय समाज की अंतिम पंक्ति में खड़े अंतिम व्यक्ति को भी राजनीतिक शक्ति मिल सके। कांशीराम का तर्क था कि राजनीतिक सत्ता वह मास्टर की है जिसके इस्तेमाल से आप अपनी सभी समस्याएं हल कर सकते हैं। यही कारण है कि उन्होंने अपने समर्थकों को एक करने के लिए प्रजातांत्रिक संगठनों का निर्माण किया।

वोट के साथ नोट मांगने वाले बैनर के साथ बसपा के लिए चुनाव प्रचार करते कांशीराम

कांशीराम के आंदोलन की गतिशीलता

कांशीराम के आंदोलन की प्रकृति गतिशील थी। वे प्रयोगधर्मी थे और लोगों को अपने साथ जोड़ने और अपने आंदोलन के लक्ष्य को हासिल करने के लिए नए-नए तरीके

ढूंढते रहते थे। उन्होंने अपने समर्थकों को राजनीतिक दृष्टि से जागरूक करने के लिए विभिन्न तरह के संगठन बनाए।

इन संगठनों के कार्यकर्ता प्रशिक्षण शिविर आयोजित करते थे जो कई दिनों तक चलते थे। उनके राजनीतिक कार्यक्रमों की अवधि कई महीनों की होती थी। जिस तरह उन्होंने संगठनों का निर्माण किया उससे भी उनकी गतिशीलता जाहिर होती है।

उन्होंने शुरुआत की सन् 1971 में महाराष्ट्र के एक छोटे से जिले पूना (अब पुणे) के अनुसूचित जाति व अनुसूचित जनजातियों के सरकारी कर्मचारियों को संगठित करने से। फिर उन्होंने अन्य पिछड़ा वर्गों (ओबीसी) व 'धर्मपरिवर्तित धार्मिक अल्पसंख्यकों को भी अपने साथ लेकर' 'बैकवर्ड एण्ड माइनोरिटीज कम्युनिटीज एम्प्लाईज फेडरेशन' (बामसेफ) का गठन सन् 1978 में राष्ट्रीय स्तर पर किया।

सन् 1981 में कांशीराम ने एक नए संगठन की नींव रखी। जिसका नाम था 'दलित, शोषित समाज संघर्ष समिति' (डीएस 4)। इस संगठन के जरिए वे बहुजन समाज की राजनीतिक शक्ति का जायजा लेना चाहते थे।

अंत में उन्होंने 14अप्रैल, 1984 को बहुजन समाज पार्टी (बीएसपी) नाम से एक राजनीतिक दल की शुरुआत की। इस तरह उन्होंने एक गैर-राजनीतिक, गैर-धार्मिक और आंदोलनों से दूर रहने वाले संगठन बामसेफ से शुरुआत की। उसके बाद उन्होंने डीएस 4 स्थापित किया जो आंदोलनों में भाग भी लेता था और जिसका चरित्र राजनीतिक था, परंतु केवल सीमित अर्थ में। अंत में उन्होंने बसपा की स्थापना की, जिसका खुला राजनीतिक एजेंडा था।

राजनीति के क्षेत्र में उन्होंने एकला चलो रे से लेकर चुनावी समझौते व गठबंधन की राजनीति तक सब कुछ किया। बसपा के जरिए उन्होंने दलितों को कांग्रेस के शिविर से बाहर खींच लिया। उन्होंने ओबीसी, धार्मिक अल्पसंख्यकों और कुछ तथाकथित ऊंची जातियों के साथ स्वतंत्र गठबंधन बनाए।

बसपा सबसे पहले 1993 में समाजवादी पार्टी के साथ गठबंधन में सत्ता में आई। जून, 1995 में भाजपा के बाहर से समर्थन के जरिए उसकी सरकार बनी।

सन् 1997 में उसने भाजपा के साथ गठबंधन सरकार बनाई, जिसमें दोनों पार्टियों के नेता छह-छह महीने तक मुख्यमंत्री रहते थे। दो बार बसपा अपने बल पर सत्ता में आ चुकी है। सन् 2003 व सन् 2007 में। सन् 2007 में बनी सरकार ने अपने पूरा पांच साल का कार्यकाल पूरा किया।

बसपा किसी भी सरकार का अंग रही हो परंतु कभी ऐसा महसूस नहीं हुआ कि राजनीतिक स्थिति उसके नियंत्रण में नहीं है या वह अपनी विचारधारा से समझौता कर रही है।

बसपा शासनकाल में उत्तरप्रदेश सांप्रदायिक हिंसा से सर्वथा मुक्त रहा। यह उत्तरप्रदेश जैसे साम्प्रदायिक दृष्टि से संवेदनशील राज्य के संदर्भ में कोई छोटी-मोटी उपलब्धि नहीं है। उत्तरप्रदेश में मायावती राज के पहले दंगे हुए और उनके राज के बाद भी।

आज से 25 साल पहले कोई यह कल्पना भी नहीं कर सकता था कि अपनी सांगठनिक क्षमता व राजनीतिक चातुर्य के जरिए कांशीराम उत्तरप्रदेश में दोनों राष्ट्रीय पार्टियों को पीछे ढकेल देंगे और बसपा को राष्ट्रीय राजनीतिक दल का दर्जा दिलवा देंगे।

बाबा साहब आम्बेडकर के सच्चे उत्तराधिकारी

कांशीराम के जीवन और उनके संघर्ष को दृष्टिगत रखते हुए हम निस्संदेह इस निष्कर्ष पर पहुंच सकते हैं कि वे बाबा साहब की विरासत के सच्चे उत्तराधिकारी हैं। अपितु, मान्यवर हमेशा यह तर्क देते थे कि वे तो केवल 'बाबा साहब के सिद्धांतों को व्यवहारिक शक्ल दे रहे हैं और इस प्रकार बाबा साहब के अधूरे आंदोलन को पूरा करने की कोशिश कर रहे हैं।'

उन्होंने जिस प्रकार अपने विचारों को लोकप्रिय बनाया, जिस तरह उन्होंने दलितों व अन्य दमित वर्गों के राजनीतिक सत्ता पर काबिज होने पर जोर दिया, जिस तरह उन्होंने अपने कांग्रेस विरोध को शक्ल दी और जिस तरह उन्होंने सामाजिक व राजनीतिक क्षेत्र में स्वतंत्र आंदोलन चलाए और समानांतर मीडिया की स्थापना की, उसे देखते हुए इसमें कोई संदेह नहीं कि वे बाबा साहब के सच्चे उत्तराधिकारी थे।

बसपा कार्यकर्ताओं द्वारा गढे गए निम्नलिखित नारे यह बताते हैं कि किस तरह दलितों को यह विश्वास था कि कांशीराम आम्बेडकर के सपनों को पूरा करेंगे:

बाबा तेरा मिशन अधूरा, कांशीराम करेगा पूरा
कांशी तेरी नेक कमाई, तूने सोती कौम जगाई

कुल मिलाकर यह कहा जा सकता है कि मान्यवर कांशीराम ने प्रजातांत्रिक क्रांति के जरिए बहुजन समाज में सामाजिक परिवर्तन व उसकी आर्थिक मुक्ति के अपने एजेण्डे पर काम किया।

भारत की आबादी के 85 प्रतिशत हिस्से को संगठित करने में उन्हें काफी हद तक सफलता मिली। उनकी उपलब्धियां कितनी व्यापक थीं यह इससे स्पष्ट है कि बहुजनों के संघर्ष का इतिहास और उनके राजनीतिक संगठन का निर्माण तो उन्होंने किया ही, उन्होंने 'मनुवादी' को परिभाषित कर उस 'दूसरे' की सृष्टि भी की, जिसके खिलाफ बहुजन संघर्ष कर सकते हैं।

यह सब करके उन्होंने ऊंची जातियों के राजनीतिक एकाधिकार को चुनौती दी और भारतीय प्रजातंत्र को मजबूत बनाया। कांशीराम की राजनीतिक विरासत जिंदाबाद।

आज़ाद भारत में बहुजन राजनीति के माध्यम से आंबेडकरवाद को नयी बुलंदियों तक ले जाने वाले कांशीराम का उदय राजनीति में एक पहेली की तरह रहा।

उनके परिनिर्वाण पर आंबेडकरवादी राजनीति के समालोचक समाज विज्ञानी आनंद तेलतुम्बड़े ने 'इकोनोमिक एंड पॉलिटिकल वीकली' में श्रद्धांजलि देते हुए उन्हें 'एन एनिग्मा कॉल्ड कांशीराम' (कांशीराम :एक अबूझ पहेली) कहा था. तेलतुम्बड़े ने कांशीराम को एनिग्मा इसलिए कहा था क्योंकि उन्होंने सतह से उठते हुए मात्र चन्द साल में दलितों एवं वंचितों की न केवल एक राष्ट्रीय पार्टी खड़ी कर दी थी, बल्कि देश के सबसे बड़े राज्य उत्तर प्रदेश में अपनी पार्टी की सरकार भी बना दी।

हज़ारों साल से सताई गयी जनता को कांशीराम ने कैसे अपने बहुजन आंदोलन से जोड़ लिया, यह समकालीन भारतीय राजनीति के अध्येताओं के लिए एक पहेली है।

राजनीति विज्ञानियों की नज़र में कांशीराम

कांशीराम की राजनीति का अध्ययन कर चुकी राजनीति विज्ञानी प्रो. कंचन चंद्रा के अनुसार ऐसा इसलिए हो पाया था क्योंकि भारतीय लोकतंत्र में अवसरों एवं संसाधनों का वितरण 'पैट्रोनेज सिस्टम' (सरपरस्ती की व्यवस्था) के द्वारा होता है।

लेकिन सत्ता के शीर्ष पर दलितों के न होने से उनको इसमें हिस्सा नहीं मिल पा रहा था. कांशीराम ने प्रतिनिधित्व की राजनीति के माध्यम से दलितों के आगे बढ़े हुए तबके को यह भरोसा दिलाया कि सत्ता मिलने पर उसी पैट्रोनेज के द्वारा वह उनको अवसरों एवं संसाधनों में हिस्सेदारी दिलाएंगे।

कांशीराम के इस आश्वासन की वजह से पहले दलितों का इलीट तबक़ा 'स्ट्रेटेजिक वोटिंग' के तहत उनसे जुड़ा और बाद में उनकी देखा-देखी दलितों का आम जनमानस भी उनसे जुड़ गया।

दलित आंदोलन और बहुजन समाज पार्टी पर शोध करने वाली राजनीति विज्ञानी प्रो सुधा पाई के अनुसार उत्तर भारत ख़ासकर उत्तर प्रदेश में कांशीराम को सफलता इसलिए

मिली, क्योंकि यहां एक स्वतंत्र दलित आंदोलन पहले से मौजूद था।

आगरा, मेरठ, अलीगढ़, कानपुर आदि शहरों में बसे दलितों ख़ासकर चमार/जाटवों की अपेक्षाकृत मज़बूत आर्थिक स्थिति की वजह से ये संभव हो पाया था।

इन शहरों में बसे दलितों की आर्थिक स्थिति में मज़बूती चमड़े के सामान की क़ीमत में वृद्धि की वजह से आयी थी। दरअसल द्वितीय विश्व युद्ध के दौरान ब्रिटेन की समुद्र मार्ग की सप्लाई चेन टूट गयी थी। जिसकी वजह से सैनिकों के इस्तेमाल में आने वाला चमड़े का सामान ब्रिटेन से आयातित नहीं हो सकता था। पूर्वी मोर्चे पर जापान से लड़ने के लिए सेना को इन सामानों की ज़रूरत थी, जिसकी पूर्ति इन शहरों से बने सामानों ने की।

चमड़े के सामान की क़ीमत में आयी वृद्धि की वजह से इन शहरों के आस-पास रहने वाला दलित समाज पहले की तुलना में मज़बूत हुआ और उसने छोटे-छोटे स्वतंत्र आंदोलन चलाए। प्रो. पाई का आकलन है कि कांशीराम ने उन्हीं छोटे-छोटे आंदोलनों को समाहित करते हुए बड़ा आंदोलन खड़ा कर दिया था।

उपरोक्त विश्लेषण कांशीराम को समझने में उपयोगी तो हैं लेकिन ये जिस एक सवाल का जवाब देने में असमर्थ हैं वो ये कि कांशीराम के नेतृत्व को लोगों ने स्वीकार क्यों कर लिया।

ऐसा क्या कारण था कि दलितों ने कांशीराम की ही बात पर विश्वास किया, किसी और नेता की बात पर नहीं? इन सवालों का जवाब जानने के लिए हमें नेतृत्व की अवधारणा के सिद्धांतों की ओर देखना होगा।

भारत के परिपेक्ष्य में नेतृत्व की अवधारणा की सैद्धांतिकी

किसी भी समाज में नेतृत्व को समझने के लिए समाज विज्ञानी मैक्स वेबर ने तीन तरह के नेतृत्व के बारे में बताया - लीगल/रेशनल, चमत्कारिक और पारम्परिक।

वेबर के अनुसार विकसित देशों में लोग लीगल/रेशनल अथॉरिटी को मानते हैं, जिसकी वजह से वहां संस्थानों यानी इंस्टिट्यूशंस को तरजीह मिलती है।

विकासशील देशों में लोग चमत्कारिक अथॉरिटी में नेतृत्व खोजते हैं, जिसके तहत वो किसी व्यक्ति में प्राकृतिक / दैवीय शक्ति की तलाश करते हैं।

इन सबके इतर पारम्परिक समाज में प्रायः सबसे बड़े/बुजुर्ग को ही नेता के तौर पर स्वीकार किया जाता है। चूंकि भारतीय समाज इन तीनों ही प्रकार के समाजों से मिलकर बना है, इसलिए वेबर की यह अवधारण यहां के नेतृत्व को समझने में ख़ास मदद नहीं करती।

वेबर की नेतृत्व की अवधारणा की इस कमी को देखते हुए समाज विज्ञानी मोरिस जोंस ने 1963 में भारतीय नेताओं को समझने के लिए एक नयी अवधारणा विकसित की थी, जिसे वो 'थ्री इडियम्स ऑफ इंडियन पॉलिटिक्स' का नाम देते हैं।

मोरिस जोंस के मुताबिक़ भारतीय राजनेताओं को थ्री इडियम यानी तीन भाषा विन्यासों- आधुनिक, पारम्परिक और सधुक्कड़ी भाषा में संवाद करने वालों के रूप में वर्गीकृत किया जा सकता है।

इस सिद्धांत के अनुसार जवाहरलाल नेहरू को आधुनिक भाषा, अकाली दल से जुड़े नेता मास्टर तारा सिंह को पारम्परिक भाषा और महात्मा गांधी को सधुक्कड़ी भाषा का प्रयोग करने वालों के तौर पर जाना जाता है।

आज़ादी के बाद भारत में इन तीनों ही भाषाओं का प्रयोग करने वाले विभिन्न नेता बड़ी संख्या में जनता को अपनी ओर आकर्षित करते रहे।

कांशीराम और भारतीय राजनीति की भाषाएं

अगर भारतीय राजनीति में जनता को अपनी ओर आकर्षित करने के लिए प्रयोग में लायी जाने वाली उक्त तीन भाषाओं को देखें तो कांशीराम आज़ाद भारत में एक ऐसे नेता दिखाई देते हैं, जिन्होंने तीनों ही भाषाओं का प्रयोग किया।

कांशीराम के बारे में यह आम बात आम तौर पर प्रचलित थी कि वह पेशे से एक वैज्ञानिक थे। उनके द्वारा लोकतांत्रिक तरीक़े से चुनाव लड़ कर संवैधानिक संस्थाओं में हिस्सेदारी लेने और अपने अधिकार हासिल करने की बात भी आधुनिक भाषा के उनके प्रयोग को दर्शाता है।

कांशीराम अपने भाषणों में जाति और धर्म के नाम पर लोगों को संगठित होने की बात करते हैं, वो छोटी-छोटी जातियों को संगठित करके उनको प्रतिनिधित्व देकर अपना संगठन बनाते हैं। तमाम ग़ैर ब्राह्मणवादी भाषा तथा प्रतीक चिन्हों का उपयोग भी वो अपने मोबिलिज़ेशन में करते हैं। वे अक्सर बौद्ध प्रतीकों का भी इस्तेमाल करते नजर आते हैं। यह सब उनके परम्परागत भाषा के उपयोग का सबूत देता है।

इन दोनों भाषाओं के अलावा कांशीराम सधुक्कड़ी भाषा और प्रतीकों का प्रयोग भी करते हैं। बल्कि उन्होंने अपने जीवन को ही इस तरह प्रस्तुत कर दिया कि मानो किसी साधु ने जनकल्याण के लिए घर-परिवार छोड़ दिया हो।

उनका शादी न करने, परिवार छोड़ देने, कोई रुपया, पैसा, ज़मीन, जायदाद, बैंक एकाउंट न रखने की शपथ आदि उनको भारतीय राजनीति में प्रयोग की जाने वाली सधुक्कड़ी भाषा के बेहद नज़दीक ले जाती है। इसके अलावा बेहद ही साधारण तरीक़े से बातचीत करने, खान-पान, कपड़े पहने के उनके तरीक़ों ने सधुक्कड़ी की उनकी छवि को मजबूत किया।

यह दिलचस्प बात है कि जहां आंबेडकर को अपनी प्रेरणा बताने वाले वाले कई दलित नेता आंबेडकर जैसी ही ड्रेस पहन कर उनको कॉपी करने में गर्व महसूस करते हैं। उनके उलट कांशीराम ने बेहद ही साधारण तरीक़े का अपना पहनावा रखा और उन्होंने इस मामले में कभी भी आंबेडकर की नक़ल नहीं की।

कांशीराम भारतीय राजनीति की तीनों भाषाओं का सफलता पूर्वक उपयोग कर पाए। इसी वजह से जनता में उनके प्रति आकर्षण और विश्वास पैदा हुआ। अन्य दलित नेता ऐसा करने में असफल रहे, इसलिए उनके प्रति जनता का विश्वास नहीं पैदा हो पाया।

(१६)

वर्तमान में जातिवाद और उसके विकल्प

कोई ऐसा काम है जिसे आधुनिक राज्य, राष्ट्र नहीं कर सकता? गुलामी प्रथा दूर हुई या नहीं? यह सिर्फ भारतीयों या अफ्रीकनों को दास बना कर सुरीनाम, मॉरीशस, अमेरिका आस्ट्रेलिया, न्यूजीलैंड तक ले जाने तक सीमित नहीं थी।

151

पहले तो इन्होंने अपने यूरोप, इंग्लैंड के गरीब, वंचितों को ही दास बना कर शुरू किया था। उपनिवेश या कहें तत्कालीन इतिहास की जरूरत थी। फिर आवाज़ उठी तो अमेरिका में ही नहीं दुनिया भर से दास प्रथा, कानूनन हट गई।

लेकिन बराबरी का सपना अभी भी दुनिया भर में दूर है। हालांकि भारत में यह दूरी कुछ ज्यादा ही है।

फ्रांसीसी क्रांति ने दुनियाभर को बराबरी, अभिव्यक्ति, भाईचारे का नया दर्शन, नया पैगाम दिया। क्या पूरे यूरोप ने भी उसे तुरंत स्वीकारा था? नहीं। दशकों तक लड़ाइयां, मारकाट रही, लेकिन बराबरी आकर रही। इस बराबरी ने ही यूरोप को वहां स्थापित किया, सुख, समृद्धि में जहां आज है। दुनियाभर को ज्ञान, विज्ञान, दर्शन दिया उसी की बदौलत हम बीसवीं और इक्कीसवीं सदी पर नाज करते हैं।

लेकिन स्त्री के संदर्भ में बराबरी का यह सपना यूरोप में सबसे बाद में आया। स्त्री को मत का अधिकार तो महज पिछले सौ वर्ष में अनेक प्रतिरोध, जनान्दोलनों के बाद मिला है।

आश्चर्य कि भारत के स्वाधीनता संग्राम में स्त्री पुरूष की बराबरी की यह बात हवाई तौर पर ही सही, शुरू से रही थी। इंग्लैंड और यूरोप के देशों से भी पहले। लेकिन दुनिया में स्त्री की आजा़दी, मुस्लिम राष्ट्रों को छोड़कर, भारत से कहीं बेहतर है। भारत यहां भी पीछे-पीछे रेंग रहा है। लेकिन उम्मीद जिंदा है।

असली शुरुआत होती है महात्मा फुले और सावित्री फुले से। क्यों? कैसे? दोनों ने जाति प्रथा के दंश, अपमान झेले

थे। लेकिन तभी उन्हें इसाई मिशनरी स्कूल का अनुभव हुआ। मानो उनको ज्ञान प्राप्ति हो गई।

आखिर यह असमानता क्यों- मनुष्य-मनुष्य के बीच जाति की, धर्म की, स्त्री पुरुष के बीच अधिकारों की? यह संभव हुआ अंग्रेजी ज्ञान और उनके बराबरी के दर्शन से।

आगे चलकर सर सैयद अहमद खान, जिन्हें मुसलमानों को शिक्षित, आधुनिक बनाने की शुरुआत का श्रेय जाता है, उनकी आंखें भी, इंग्लैंड जाकर खुली, वर्ष 1870 के आसपास। वे अंग्रेजों की प्रगति, सुख शांति पर चकित हुए और बार-बार अपनी कौम की जाहिली, धर्मांधता, अशिक्षा को धिक्कारते हैं। अंग्रेजो की उन्होंने मन से प्रशंसा की ओर अलीगढ़ यूनिवर्सिटी की नींव डाली। हॉलांकि स्त्री शिक्षा के वे वैसे हिमायती नहीं थे, जैसे महात्मा ज्योतिबा फुले और सावित्री फुले।

क्या अम्बेडकर, भारत रत्न बाबा साहेब डॉ. अम्बेडकर बन पाते यदि अमेरिका, इंग्लैंड में पढ़कर उस समाज की बराबरी से प्रभावित नहीं होते? आजादी की लडा़ई के सभी सूरमाओं जैसे, गाँधी, नेहरू, नौरोजी, सुभाष, भगतसिंह ने लोकतंत्र की शिक्षा यूरोप, अमेरिका,रूस से पाई। आज भारत जहां है, यह सबकी साझी विरासत का नाम है। कुछ सफल, ज्यादातर असफल।

लेकिन जातिप्रथा का नासूर खत्म होने के बजाए बढ़ता क्यों गया? क्यों तमिलनाडु के लेखक को जाति दंश में जीते जी अपने को मृत घोषित करना पड़ता है?

क्यों रोज-रोज दलितों पर अत्याचार की घटनाएं सामने आती हैं? क्यों मई 2016 में भी महाराष्ट्र के गांव का

सवर्ण दलित मजदूर को अपने कुएं से पानी पीने से मना कर देता है? क्यों सत्तर साल के बाद अभी भी मैला सिर पर रखकर ढोने की प्रथा चली हुई है?

जिम्मेदारी हम सब की है। कोई भी दूध का धुला नहीं है। न सरकारें, न राजनीतिक दल, न धर्म के पंडे पुजारी, न बुद्धिजीवी और न नये दलित नौकरशाह, या पार्टियों के भोंपू।

(१७)

जवाहर लाल नेहरू की भूल

आजादी मिलने तक गांधी जी की वजह से सब ठीक ठाक चलता है। बाबा साहेब को भी केबिनेट में जगह मिलती

है। थोड़ा ठहरकर सोचें तो नेहरू में जिन्ना और बाबा साहब डॉ. अम्बेडकर दोनों से मुक्ति की छटपटाहट है, लेकिन गांधी जी को जीते जी नजर अंदाज नहीं कर सकते।

लेकिन गांधी जी की हत्या के बाद कांग्रेस नेहरू के नेतृत्व में उन्हीं सत्ता के हथकंडों को अपनाती है, जैसा दुनिया भर की सत्ताएं - डिवाइड एंड रूल! लोकतंत्र यहीं से भीड़तंत्र या वोट बैंक की राजनीति के कुंए में धंसता जाता है।

आजादी के संघर्ष के सब सपने, आदर्श सूखते जाते हैं। इसका प्रमाण है पहले बाबा साहब डॉ. अम्बेडकर की विदाई फिर श्यामा प्रसाद मुखर्जी, कृपलानी, लोहिया, जय प्रकाश...........।

सत्ता का फार्मूला सामने है - कांग्रेस का आजादी में योगदान का रातदिन गुणगान, मुसलमानों को भयभीत रखना, हिन्दू सम्प्रदायवादियों के खिलाफ निरंतर प्रचार केन्द्र खोलकर दलित आदिवासियों को आरक्षण की वैशाखी और सवर्ण पंडितों के लिए अपने पंडित, ब्राह्मण होने की चुपचाप छिपी राजनीति।

सामाजिक बराबरी, परिवर्तन, समानता, समाजवाद सब गए भाड़ में। ये तो सिर्फ मुखौटे भर बने रहे। फार्मूला हिट ! कांग्रेसी वंशवाद की नींव इतनी मजबूती से इस मुखौटे में आज तक कायम है। दूसरे दल भी इसी के चूजे साबित हुए।

लोकतंत्र को संस्थाओं के खेल से ऊपर उठना होगा। संख्या लोकतंत्र बनाती है तो उसे बरबाद भी करती है। मत भूलिए हिटलर और स्टालिन को। देश का मौजूदा लोकतंत्र जाति को जितना मजबूत कर रहा है, देश को उतना ही कमजोर।

भारतीय समाज और जातिवाद

मात्र जाति, धर्म की गिनती के खेल से लोकतंत्र परिभाषित नहीं हो सकता। क्या केंद्र सरकार में सभी राज्यों की समानुपातिक हिस्सेदारी है? जितना वहां बिहार, उत्तर प्रदेश, दिल्ली है उतना गुजरात, कर्नाटक या नागालैंड क्यों नहीं ? उससे भी बड़ा प्रश्न—आधी आबादी महिलाओं की, वे तो सौ वर्ष में भी अपना हिस्सा नहीं पाएंगी। आरक्षण समर्थकों को उनकी संख्या के अनुपात में भागीदारी देनी होगी और पूरे समाज के विकास के लिए सकारात्मक क़दमों की बात करनी होगी।

जब बाबा साहेब डॉ. अम्बेडकर के बनाए संविधान में अस्पृश्यता के खिलाफ इतना स्पष्ट प्रावधान है, बची खुची बातें नीतिनिर्देशक तत्वों में है तो फिर जातिवाद फैलता क्यों गया? जब जातिसूचक नाम लेना भर कानूनन अपराध है, तो सावर्णों द्वारा स्कूलों व सरकारी नौकरियों में जातिसूचक सरनेम क्यों आज तक लगाये हुए हैं?

क्यों दंड व्यवस्था ऐसी लचर बनाई गई कि चोर भी चोरी करते रहे और साहूकारों को भी भ्रम बना रहे। प्रोफेसर इम्तियाज अहमद के शब्दों में 'हम संविधान में सेक्युलर, जातिविहीन हो गए, समाज में तो अभी उतनी ही दूरी पर हैं' तमिलनाडु में दलित राजनीतिक नेतृत्व के बावजूद, समाज में जातिवाद उतना ही कायम है। यही हाल उत्तर प्रदेश, बिहार जैसे राज्यों का है। पूजाभाव, ब्राह्मणवादी संस्कार नयी वैज्ञानिक चेतना से ही नष्ट होंगे।

लेकिन इस फार्मूले से केवल नेहरू वंश को ही सत्ता नहीं मिली, देश भर के राजनीतिक दल, क्षेत्रिय पार्टियां, संगठनों ने इसी फार्मूले को और बढ़ाया। यानि कि जाति अस्मिता जितनी गहरी, संगठित, दृश्य होगी, सत्ता हथियाना उतना ही आसान।

लोहिया जैसों ने सरनाम आदि हटाने के कुछ कदम उठाए भी, लेकिन जल्दी ही वे भी नेहरू के फार्मूले में समाहित हो गए। यह फार्मूला इनता धांसू है कि वी.पी.सिंह जैसा कांग्रेसी अपने दल से विद्रोह करके मंडल फार्मूला की बदौलत मसीहा बनने की कौशिश करता है, जिसे कांग्रसी वंश की इन्दिरा गांधी भी लागू करने में हिचकिचा रही थी।

अर्जुन सिंह, हेमवती नंदन बहुगुणा, लालू प्रसाद, मुलायम, मायावती से लेकर मौजूदा नरेन्द्र मोदी सरकार उसी फार्मूले की बदौलत सत्ता पर कायम हैं लेकिन जनता में समाज परिवर्तन का भ्रम भी बनाए हुए हैं।

क्या नेहरू को 1947 से 1964 तक मिला सत्रह वर्ष का समय कम था? सामाजिक परिवर्तन की तैयारी तो महात्मा फूले, आंबेडकर, आयंगर, जस्टिस पार्टी, गांधी और ऐसे समानधर्मों राजनेताओं, सुधारकों ने पहले ही कर दी थी।

संविधान भी आपके साथ था, पार्टी भी और आपकी अन्य प्रतिष्ठा भी। यह संभव होता यदि नेहरू में गांधी की तरह सत्ता संलिप्त लिप्सा से दूर रहते। नेहरू के सपनों में समाज परिवर्तन तो आटे में नमक बराबर मुश्किल से रहा होगा।

गोरों की जगह सिर्फ काले शासक आ गए वरना समाज परिवर्तन की जो लहर आंबेडकर ने पैदा की थी, उसे नेहरू और तटवर्ती कांग्रसी सरकारों ने आरक्षण के झुनझुने में बदल दिया।

इतना की भारतीय लोकतंत्र सिर्फ 'आरक्षण' शब्द पर सारी कलावाजियां करता रहा है और आज भी कर रहा है। कहीं 10% सवर्ण आरक्षण तो कहीं जात आरक्षण देकर।

बाबा साहब डॉ. अम्बेडकर का समाज परिवर्तन का आरक्षण से भी बड़ा योगदान हिन्दू कोड बिल है। सिर्फ सामाजिक बराबरी ही नहीं, स्त्री पुरुष के बीच की बराबरी भी उतनी ही जरूरी है।

यहां नेहरू पूरे मन से साथ थे और बाबा साहब डॉ. अम्बेडकर के इस्तीफे के बाद भी नेहरू पांच सालों में इसके अधिकांश प्रावधानों का पास करा सके। पूरा हिंदू समाज इसका ऋणी है। हिन्दू समाज में गैर बराबरी की कम से कम एक जंजीर तो टूटी।

लेकिन यही एक बड़ा पेंच या कहें नेहरू की वोट-राजनीति का दागदार चेहरा सामने आता है। हिन्दू कोड बिल ठीक था, ठीक है, लेकिन मुसलमानों पर समान कोड लागू क्यों नहीं? बाबा साहब डॉ. अम्बेडकर का कहना था कि शीघ्र ही ऐसा सुधार मुसलमान-महिलाओं के पक्ष में भी लाया जाएगा और यदि आंबेडकर जीवित रहते, बावजूद बौद्ध धर्म अपनाने के, वे चुप नहीं बैठते।

उनकी समानता का सपना नेहरू की तरह सतही नहीं था, जिस व्यक्ति ने समानता के सपने की खातिर राजनीति छोड़ दी, धरम छोड़ दिया वे धर्म, धर्म के बीच ऐसी कुटिलता के पक्षधर कभी नहीं रहते।

मुसलमान मर्द तो भारतीय संविधान से चलना चाहता है लेकिन अपनी पत्नियों को शरीयत से चलाना चाहता है। यदि दुनिया भर में हर नागरिक के लिए समान कानून है तो भारतीय मुस्लिम स्त्री को इससे वंचित क्यों रखा गया है? नेहरू की नजर सत्ता की खातिर साफ थी। मुस्लमानों को खुश रखकर सदा के लिए वोट बैंक में बदलना। इसी का परिणाम हुआ सिक सवर्ण हिन्दुओं में बढ़ते आक्रोश को शांत रखने का एक उपाय

यह किया गया कि जाति,वर्ण के सांप को वैसा ही सोया पड़ा रहने दो। जाति वर्ण पर चोट कहीं उन्हें कांग्रेस से दूर न कर दे। तू भी खुश, मैं भी खुश।

लेकिन क्या सारे काम फुले, साहूजी महाराज, बाबा साहब डॉ. अम्बेडकर, गांधी, नेहरू, कांशीराम ही करेंगे? यदि इस जाति मुक्त समाज के लिए कोशिश नहीं करते तो क्या हम भी उतने ही बड़े अपराधी नहीं होंगे?

हिन्दू धर्म के सवर्ण पंडित, पुरोहित तो सदियों से जातिप्रथा की मलाई खा रहे थे, खा रहे हैं, इसीलिए वे कभी भी जातिप्रथा का खात्मा नहीं चाहते। आरक्षण शब्द पर जरूर भड़कते रहते हैं, लेकिन जैसे ही उन्हें जाति से आज़ादी की बात की जाती है, उन्हें सांप सूंघ जाता है।

लेकिन क्या शासन इतनी कमजोर, मिमियाती बिल्ली का नाम है? क्या इन पंडित पुरोहितों ने सती प्रथा, विधवा विवाह का कम विरोध किया था? आ गए रास्ते पर रातों-रात। सत्ता की नीयत साफ हो तो यह आज भी रातों-रात संभव है।

सामाजिक न्याय का भटकाव

जाति प्रथा के नए संरक्षक सामाजिक न्याय के राजनीतिक मसीहा हैं। हों भी क्यों न, वे तो पैदा भी इसी मांद में हुए हैं। भारतीय लोकतंत्र का सबसे से सुनहरा पृष्ठ। हजारों सालों के बाद जिन्हें बराबरी का अहसास हुआ, अस्मिता मिली और सत्ता में राजा बनने के वे अधिकार लोकतंत्र ने दिए जो मानव इतिहास में भारतीय भू-भाग में तो कभी संभव ही नहीं हुए होते, यदि यूरोप में पुनर्जागरण, फ्रासींसी क्रांति नहीं होती या भारत अंग्रेजों का उपनिवेश नहीं बनता।

लेकिन क्या लोकतंत्र की यात्रा व्यक्ति, समुदाय जाति विरोध पर ही खत्म हो जाती है? क्या लोकतंत्र सिर्फ अपनी जाति या धर्म ध्वजा फहराने में ही सार्थकता पाता है? नहीं। यह लोकतंत्र का अपमान है।

फिर सामाजिक न्याय के इन नये मसीहाओं ने मुस्लिम स्त्री की बराबरी की बात क्यों नहीं उठायी? क्या इतनी बड़ी आबादी को आप धर्म की स्वतंत्रता की आड़ में वंचित रख सकते हैं?

स्वार्थी, पंडित पुरोहित तो डरे हुए लोग थे कि हमारी जाति छीनने की बात न होने लगे इसीलिए मुसलमानों को ऐसा ही बना रहने दो, एक दूसरे की मूर्खता, आडंबरों के समर्थक,पोषक।

क्या मुसलमान भी उतने ही गरीब, अशिक्षित लोग नहीं हैं, बल्कि अनुसूचित जाति, जनजातियों से भी ज्यादा। भला हो मंडल कमीशन का कि कुछ मुसलमानों को भी उसमें

हिस्सा मिल रहा है, लेकिन उनके पक्ष में सामाजिक न्याय के नेताओं की चुप्पी क्या बयान करती है?

आरक्षण और सामाजिक न्याय के पक्षकारों को तुरंत हिन्दू कोड बिल की तर्ज पर मुस्लिम एक्ट के पक्ष में और पूरे मुस्लिम समाज की आरक्षण में भागीदारी के लिए आवाज उठानी चाहिए। ये दोनों पक्ष जुड़े हुए हैं बराबरी के हक के लिए।

क्या समाज के किसी व्यक्ति की एक टांग छोटी बनी रहे तो वह बराबर दौड़ सकता है? दलित सिर्फ अपने को ही शोषित, वंचित क्यों सिद्ध करने पर तुले रहते हैं। कभी उनकी फिक्र भी करें जो उनसे भी नीचे हैं। सच्चा मानवीय लोकतंत्र तो तभी संभव है।

मुस्लमानों को स्वयं भी आगे आकर आवाज़ उठाने की जरूरत है। वे आरक्षण में हिस्सेदारी, दुनियाभर के दर्शन, पैमाने और भारतीय संविधान की बराबरी से चाहते है लेकिन 'शरीयत' के सुधार के नाम पर उनमें जलजला आ जाता है।

यहां बाबा साहेब आंबेडकर की मुस्लमानों को लेकर कही बात याद आती है। ' हिन्दु धर्म में अपनी बुराइयों को कहने की आजादी तो है, मुस्लिम धर्म में तो वह भी नहीं।' भारतीय अनुभव भी इससे अलग नहीं है। इसीलिए ऐसी सामाजिक विषमताएं।

बहुजनवाद में यदि मुस्लिम, इसाई पारसी शामिल नहीं है तो इसकी सीमाऐं कई प्रश्न पैदा करती हैं। जातिवाद को कायम रखने में सवर्ण हिन्दू, पुरोहितों के साथ कंधा से कंधा मिलाकर नये अमीर, दलित राजनेता और नौकरशाह भी खड़े हैं।

आरक्षित वर्ग जैसे खुलकर मुसलमानों के पक्ष में नहीं है वैसे ही अपनी वंचित विरादरी के साथ भी नहीं ऐसी किसी भी समीक्षा विमर्श को आरक्षण विरोध का नाम देकर उन्हीं पंडितो, मुल्लाओं की तरह भड़क उठता है, जैसे वे वर्ण व्यवस्था या शरीयत में परिवर्तन के नाम पर विरोध करते आये हैं।

गांव, देहात कन्याकुमारी से लेकर गाजियाबाद, गाजीपुर, सहरसा तक जातिवाद में वैसे ही फंसे हैं। लेकिन शहरी जीवन में कुछ सुधार आया है। निश्चित रूप से जैसे जैसे शहरीकरण और आधुनिक शिक्षा, शिक्षा, सोच तर्क वैज्ञानिक चिंतन का प्रसार होगा, जातिवाद शब्द अप्रासंगिक होता जाएगा।

लेकिन इतने बड़े देश में जब सत्तर साल में इतनी कम तब्दीली आयी है तो अभी न जाने कितने दशक लगेंगे इस रफ्तार से। अत: इस रफ्तार को बदलने की जरूरत है और तुरंत।

क्यों नए उच्च पदों पर आसीन दलित नौकरशाह वैसे ही यथास्थिति की जकड़ में हैं जैसे ब्राह्मण, पोंगा पुरोहित। जाति के अनुपात में आरक्षण जायज है, लेकिन वह उनको क्यों नहीं जाना चाहिए, जिन्हें व्यवस्था ने अभी तक नहीं लेने दिया?

अपनी ही जाति में उसे विस्तार देने में क्या हर्ज है? धीरू भाई सेठ, जाने माने समाज शास्त्री और पिछड़ा आयोग के सदस्य, दशकों से इस बात को कह रहे हैं कि आरक्षण खत्म नहीं हो, लेकिन जो व्यक्ति समुदाय उसका जाम उठा चुके हैं उसे तब तक बाहर न करें जब तक की सामाजिक अपमान समाप्त न हो जाय।

सुप्रीम कोर्ट के भी ज्यादातर निर्णयों में बार-बार यही प्रतिध्वनि आती है। लेकिन जाति संरक्षक राजनीति के चलते सब कुछ ठहर गया है। बल्कि कहें कि उसी दौर में पहुंच रहे हैं जो अंग्रेजों के यहां आने के वक्त अठारहवी सदी में कायम था।

जातिवाद को हटाने में सबसे बड़ी भूमिका शिक्षा की है। आधुनिक तर्कशील, वैज्ञानिक सोच पैदा करने वाली। 'शिक्षा' को अलग न समझा जाए। इससे हर नागरिक, वर्ग समुदाय जुड़ा है। वह चाहे राजनीतिज़, मंत्री कार्यपालिका की भूमिका में है या माँ बाप शिक्षक, प्राचार्य, लेखक, वैज्ञानिक पत्रकार, पुरोहित मुल्ला की।

धर्म की भूमिका को बदलना होगा और यह सिर्फ दीवारों पर टांगने से संभव नहीं होगा। माना प्रथम प्रधानमंत्री को एक वैज्ञानिक दृष्टि पाने का श्रेय जाता है लेकिन समाज में उसे नहीं उतार पाये तो कुछ जिम्मेदारी तो बनती ही है।

लेकिन अपराध हमारा भी कम नहीं है, कब तक आप मनुस्मृति, शताब्दियों तक हुए शोषण अंग्रेजी या मुस्लिम राज को कोसते रहोगे? कांग्रेस या पुरानी सत्ताओं से बदला लेने की भावना भी उद्देदश्य से भटकना है। जातिवाद को सिर्फ आरक्षण के आइने में देखना या दिखाना और सिर्फ सत्ता की खातिर सतत विमर्श भी घोर अपराध की श्रेणी में आता है। नये भारत को नयी पीढ़ी के सपनों आकांक्षाओं से समझने की जरूरत है।

पूरा यूरोप, अमेरिका, आस्ट्रेलिया इसका उदाहरण है। गैलीलियो, डार्विन का विकासवाद, ग्रिगोर मेंडल, मार्क्स, फ्रायड जार्ज ऑरवेल, फ्राएड, डीएच लारेंसे, क्रिपलिंग, टालस्टॉय, जेन आस्टिन से लेकर आइन्सटाइन, वाटसन एंड

भारतीय समाज और जातिवाद

कुक, मिलर जैसे वैज्ञानिको, दार्शनिक चिंतकों, लेखकों के सामूहिक श्रम का परिणाम है यह सामाजिक परिवर्तन। हमारे सामने तो सिर्फ अपनाने की चुनौती है।

क्या जातियुक्त समाज वाला भारत आधुनिक कहलाने का अधिकारी है? वर्ष 2016 में घोषित सिविल सेवा परीक्षा में एक बेटी टीना डाबी ने टॉप करके पूरे भारतीय समाज को कई संदेश एक साथ दिए हैं कि बेटी वह सब कुछ कर सकती है, जो एक बेटा। उसे बराबरी, आजादी चाहिए पढ़ने की, आगे बढ़ने की।

जब उसकी दलित जाति का प्रश्न भी कुछ स्वार्थी धर्मांध जातिवादियों ने उठाया तो उसको जबाव भी ऐसे सभी जातिवादियों के लिए तमाचा था। उसका कहना था कि 'मैं जाति के लिए नहीं, देश और समाज के लिए काम करूंगी।'

टीना की आवाज़ आधुनिक नए भारत की आवाज, पहचान बन सकती है। बशर्ते कि हम सब जाति की मानसिकता से पहले स्वयं मुक्त हो, फिर समाज, व्यवस्था और सत्ता को भी मुक्ति दिलाने में मदद करें।

प्रेमचंद, जगदीश चंद, स्वदेश दीपक ओम प्रकाश बाल्मीकि, संजीव की तरह कथा उपन्यास लिखें, फंड्री, चोरंगा जैसी फिल्में बनाये और नरेन्द्र दाभोलकर की तरह सभी कूप मंडूकताओं के खिलाफ लड़ें। आधुनिक ज्ञान, तकनीक, चेतना, वैश्वीकरण सब मौजूदा वक्त में हमारे साथ हैं। जातिवाद का राक्षस बचकर कहां जाएगा ?

(19)

समण वनाम वमण की अवधारणा

समण, वे पुराने महाभारत/जम्बूद्वीप/गोण्डवानालैंड, (आज का भारत, पाकिस्तान, बांगलादेश, भूटान, नेपाल, अफगानिस्तान, ईरान का कुछ हिस्सा, चीन का हिस्सा, म्यांमार का कुछ हिस्सा) के लोग, जो सम से समता, समानता, समान, समण, समझौता (सम ज्ञान ओतरण), आदि के सिद्धांत पर चलने वाले समण या समन या मूलनिवासी या बहुजन हैं। इससे विपरीत असमान, असमण लोग जो वम या उलटी, उलट थे समता के सिद्धांत के, उनको वमण या वमन कहते हैं।

बुद्ध के समय तक, दोनों प्रकार के लोग दिखाई देते हैं समण और वमण। बुद्ध के पहले समण ही थे, प्राचीन काल में समण सद् (शब्द) कहीं विलुप्त नही हुआ है, बल्कि इसको संस्कारित (संस्कृत में बदल कर/Modified) कर के इसको नया नाम दिया वमणों ने, 'श्रमण' और साथ ही साथ इसका अर्थ भी बदल दिया। समण से श्रमण बदलने पर कोई फर्क नही पड़ता, यदि समण और श्रमण के अर्थ भी एक ही होते। पर समण को जब वमणों ने, श्रमण कहा तो इसका अर्थ बदल कर बताया। श्रमण का अर्थ बताया गया - श्रम करने वाले श्रमिक, श्रमजीवी, श्रमदानी, श्रम कार्ड वाले श्रमिक, परिश्रम करने वाले, मजदूर, लेबर, कर्मचारी, श्रमिक, छोटे, नीच, नीचे वाले।

165

समण का अर्थ होता है - समण सम-रट, धम्म, चक्कवन्तु, पियदस्सी असोक महान/समण सम्राट धर्म चक्रवर्ती प्रियदर्शी अशोक महान, बुद्ध या बुज्झ जो महा समण महा विस्स गुरु हैं। समण कबीर, समण नामदेव, समण गुरू घासीदास, समन गाडगे, समण ज्योतिबाफुले, समण दुर्बलनाथ, समण सुदत्त (अनाथ पिण्डक), समण जीवक दुनिया का सबसे बडा फिजिशियन व सर्जन। समण चंद्रगुत्त मोरय (चंद्रगुप्त मौर्य) जिसने समणों की सब से पहली सेना बनायी। दुनिया का सबसे अच्छा संविधान बनाने वाले समण डा. अम्बेडकर, समण उधमसिंह, समण पेरियार, और अब तक के करोडों-अरबों समण।

समण से श्रमण करते ही सम्राटों से श्रमिक बना दिया। पुराने समय में (प्राचीन) सभी समण थे, समण सेनिक, समण किसान, समण राजा, समण सेनापति, समण व्यापारी, समण गुरु, समण शिकारी, समन डॉक्टर, समण इन्जिनियर, समण लेखक, समण पाठक, समण उद्योगपति, समण जज, समण वकील सब समण ही समण, ऐसा मैगस्थनीज की 'इण्डिका' में भी वर्णन (वण्णन) है और बुद्ध के धम्म, सुत्तनिपात, इतिउत्तक धम्मपद में भी उदाहरण मिलते हैं।

हमारी पुरानी भासा पालि में, 'श', 'ष', 'त्र', 'ऋ', 'रू', हलंत, आधा 'र्', 'औ', 'ऐ', 'श्र', श्रमण सद् (शब्द) हैं ही नहीं। समण सद् बहुत व्यापक है। ईरान से बर्मा, मंगोलिया से सिरीलंका (सीहलद्वीप) तक समणों का महाभारत, जम्बूद्वीप रहा है। कोई कोई व्यक्ति जो समण नहीं होता था, उसे समण

लोग वमण कहते थे। समणों की संख्या अगर 10,000 होती थी तो वमण एक-आध पाया जाता था।

समय बीतता गया, समण से श्रमण हुआ। समण संघ टूटा और 6743 टुकड़ों में बिखर गया, समण की पहचान, समण की राष्ट्रीयता खत्म हो गई। वमणों ने समणों से सीख कर संघ बनाया और अपनी पहचान बनाई। आज वमण को बामण के नाम से जाना जाता है क्योंकि वमणों ने अपने अन्दर सैकड़ों टूट के बाद भी जातियां नहीं बनायीं। वे आज भी अपने को वमण समाज, बामण समाज, वमण संघ के नाम से जनवाते हैं, जब कि समण अपनी समण संघ की पहचान याद रखने में नाकामयाब रहे।

बुद्ध महा समण थे और साफ साफ समणों को कह रहे हैं- समण ''संघं सरणं गच्छामि''। पर समण समझ नहीं पा रहे हैं। बुद्ध खुद भी संघ में रहते थे, अपने धम्मिक लोगों के संघ में, और हम अपने संघ में रहते थे। गृहस्थ लोगों के, समणों के समण संघ में। समता में रहने वालों को समण, वमता में रहने वालों को वमण, इसलिए समण, साधु, शान्त चित्त वाले को भी कहा गया।

कहीं कहीं समण का अर्थ भिक्खु भी कहा गया है। पर यह ज्यादा व्यापक नहीं है। बहुत ही सीमित है, क्योंकि बुद्ध ने हमेशा अपने धम्मिक लोगों के संघ को भिक्खु संघ, भिक्खुणी संघ, उप आसन पर विराजमान को उपासक संघ, उपासिका संघ ही कहा है। वैसे ये चारों संघ भी समण संघ का ही हिस्सा है, क्योंकि बुद्ध ने जिसको सिखाया यदि वो वमण भी था तो

धम्म सीखने के बाद वमण से समण हो गया होगा, नियम के अनुसार भिक्खु संघ में एक भी वमण नही हो सकता, यदि कोई अपने आपको वमण कहता है, तब वह भिक्खु हो ही नही सकता।

अतः आज आप सरल भासा में यह कह सकते हैं कि जो वमण नही हैं वे सभी समण हैं, समणों, समण, समणी आदि हैं। परन्तु वमणी सद् कहीं नहीं मिलता, इसका अर्थ यह है कि वमण, बमण, ब्राह्मण सद्/शब्द का इत्थि/स्त्री/फ़ीमेल, वमणी, बमणी, सद् है ही नहीं अर्थात ये सिर्फ नर ही आये हैं जहां से भी आये हैं। नारी साथ लेकर नहीं आये थे। यह बात DNA से भी सिद्ध होती है।

सम और असम दो सद् हैं पर वम का अर्थ बिलकुल अलग उल्टा होता है।

सम   -   जो समता में हैं।

अ सम -   जो समता में नहीं हैं, पर विपरित, उल्टा नही है।

वम   -   जो विपरित, विरुद्ध, उल्टा है।

वमण -   व्यक्ति जो उल्टा, उल्टी विचारधारा का है।

इसलिये अ सम, अ समण को वमण नहीं कह सकते हैं यदि आप किसी व्यक्ति को यह पूछेंगे कि आपका संघ कौन सा है, तो दो में से एक ही जवाब मिलेगा - समण संघ या वमण संघ।

समण संघ का संस्थापक कोई व्यक्ति या जानवर नहीं है। इसकी स्थापना खुद-ब-खुद हुई है। पकती (प्रकृति)

इसकी संस्थापक है। सुरक्षा और विकास इसका मुख्य कारण है। पठवी (पृथ्वी) पर जो वस्तु या जीव, पेड़ पौधे आज अपनी स्थिति में विद्यमान हैं वे सभी अपने संघ के कारण से ही सुरक्षित और विकसित है। जो चट्टानें सघन हैं। वे विद्यमान हैं, बाकी रेत की भेंट चढ गईं। जो पानी इकट्ठा है वो समुद्र है, जो मिट्टी सघन है, वो खेत है। जो पौधे झुण्ड में हैं, वो आज विद्यमान हैं। जो मछली, समुद्री जीव आज तक झुण्ड में तैरते हैं, वो अभी बचे हुए हैं। जो जानवर जंगल में झुण्ड में हैं उनका अस्तित्व है। अभी जो चिंटियां, दीमक, मधुमक्खी झुण्ड में रहती हैं, वो बढ रही हैं। ऐसे ही जिन व्यक्तियों का समूह संघ में हैं, वो शिकारी हैं, वे बढ़ रहे हैं। और जो व्यक्ति संगठनों में, जातियों में बंटे पडे हैं, या अकेले पड़े हैं, वे शिकार हैं।

संघ में रहने का एक भी नुकसान नहीं है। और संघ से बाहर रहने के हजारों नुकसान हैं। जो लोग संघ में रहते हैं, उनके पास हर वो चीज होती है, जो प्रकृति ने दीं हैं या जो मनुस्स (मनुष्य) ने बनायी हैं। धन दौलत, शिक्षा, घर, मकान, खेत, खलियान, मोटरकार, फैक्ट्री, दुकान, देश विदेश की यात्रा, बढ़िया खाना, बढ़िया कपड़ा, दवाई, सुरक्षा, सम्पन्नता, जेवर, गहने, सोना, चांदी, रुपया, हीरे, बैंक में पैसा सभी कुछ। और जो संघ से बाहर रहते हैं, वे गरीब, बीमार, अनपढ़, भूखे, नंगे, बेकार, मजबूर मजदूर होते हैं।

दुनिया में एक भी उदाहरण नहीं है कि जो व्यक्ति संघ में रहता है, वो भिखारी या याचक हो। आदिकाल में समण सम्पन्न थे, मालदार थे। एक गरीब याचक वमण हमेशा समण के दरवाजे पर आकर याचना करता था, भीख मांगता था,

समण लोग भीख देते थे, पर वमणों ने संघ बनाया और आज समण याचक है, वमण के दरवाजे पर भीख मांगते हैं। संघ बनाते ही बाजी पलट गयी।

संघ में असीम ताकत है, संघ कमजोर को बलवान बना देता है। जो संघी हैं, संघ में रहते हैं, वो संघ की ताकत को पहचानते हैं। कुछ लोग जो अपने को किताब पढ़ कर बुद्धिजीवी कहते हैं, वे समझते हैं कि पढाई सब कुछ है। कुछ लोग जो अच्छा पैसा रखते हैं वे समझते हैं कि धन दौलत से सब हासिल होता है। जो लोग राजनीति करते हैं, वे समझते हैं कि राजनीति ही सब कुछ है। कुछ लोग जो अति धार्मिक हैं, वे समझते हैं कि हर व्यवहारिक समस्या का निदान केवल धर्म कर्म से ही हो जायेगा। कुछ लडके जो दल, बल, सेना सेनिक, सिपाही, आर्मी चलाते हैं, वे समझते हैं कि शारीरिक ताकत ही सब कुछ है। कुछ लोग संविधान का रट्टा लगाते, वे समझते हैं कि संविधान हमें बचायेगा। कुछ लोग आरक्षण को बचाने में लगे हैं। जो गैर धार्मिक, गैर राजनीतिक संगठन में लगातार चंदा वसूलते जा रहे हैं, वे समझते हैं कि हमारा सामाजिक संगठन ही समाज को बचायेगा। पर पिछले कुछ सालों में सब गलत सिद्ध हुए हैं। आज पढ़े-लिखों की संख्या जैसे-पी.एच.डी, डॉक्टर, प्रोफेसर, इंजिनियर, वैज्ञानिक, वकील, व्यापारी, अफसर, राजनेता व नौकरशाह की भरमार है, पर सारे अधिकार तो चले गए, जबकि ये बढ़ने चाहिए थे।

आज लोगों के पास पहले से 1000 गुना ज्यादा पैसा है। 50 लाख परिवार तो सपन्न परिवारों में ही आते हैं जिनके पास पैसा, नौकरी, घर, गाड़ी, शिक्षा है। कुछ के बच्चे तो

विदेशों में भी पढ़ रहे हैं। आज कुछ लोग व्यापारी भी हो चले हैं और छोटे मोटे कारखाने भी हैं।

पिछले 70 सालों में राजनीतिक प्रतिनिधित्व भी लोकसभा, विधानसभा, नगरपालिका मे पूरा मिला है। आज तक एक भी आरक्षित सीट खाली नहीं रही है। हर साल सैकड़ों धम्म दिक्खा हो रही हैं, बुद्ध धम्म भी बढ रहा हैं। लड़के भी जोर लगा रहे हैं। जगह जगह सैकड़ों प्रदर्शन भी हो रहे हैं। संविधान को बचाने की भी कवायद चल रही है। जगह-जगह लोग संविधान को बांट भी रहे हैं। संविधान को सिर पर उठा संविधान-यात्रा निकाल रहे हैं। आरक्षण भी लोग खूब बचा रहे हैं। आरक्षण-बचाओ रैलियां खूब हो रही हैं और सामाजिक संगठनों की तो बाढ़ आयी हुई है। हर गली में 10-10 प्रधान हैं और वो भी राष्ट्रीय। फिर भी सारे अधिकार चले गये, फिर भी राजनीति खत्म हो चुकी है, फिर भी सरकारी नौकरियां खत्म, फिर भी शिक्षा खत्म, फिर भी सामाजिक अधिकार खत्म, फिर भी फन्डामेंटल अधिकार खत्म, फिर भी भुखमरी बढ़ी, फिर भी गरीबी बढ़ी - क्यों?

जबकि बुद्ध के समय, असोक सम्राट के समय हम समण थे, पत्थरों पर लिखते थे, समण ही उन पत्थरों की किताबों को पढ़ते थे, अक्षर समणों ने ही बनाये, समणों ने ही खोजे। हमारे समण 'जीवक' दुनिया के सब से बड़े डॉक्टर तक्षशीला (तक्कसीला) समण यूनिवर्सिटी से पढ़कर आये थे और सबसे बड़े प्रतिभाशाली भी थे, जो सिर (खोपड़ी) का भी ऑपरेशन किया करते थे। समण 'सुदत्थ'(अनाथपिण्डक) हमारा सब से बडा व्यापारी था जो ईरान तक माल भेजता था।

असोक हमारा समण महाराजा था, बुद्ध हमारे समण विस्स गुरु थे, सेना हम, सेनापति हम, पण्डित हम, ज्ञानी हम, उद्योगपति हम, शिक्षक हम, पाठक हम, व्यापारी हम, किसान हम, बुद्ध के पिता सबसे बड़े किसान थे। सब कुछ हम थे। समण सब कुछ थे। वमण सिर्फ याचक, भिखारी थे, जो समणों के दरवाजे पर भीख मांगने आते थे, आपने किस्सें पढ़े होंगे किताबों में, एक दरिद्र याचक वमण, समण के दरवाजे पर याचना करता है। पर कभी आपने यह नहीं सुना होगा कि कोई गरीब समण, वमण के दरवाजे पर याचना करता था। ऐसा क्यों था? क्योंकि हम संघ में रहते थे साथ-साथ। एक साथ रहना, एक साथ बैठना, हम साथ काम करना, एक साथ लडना, एक साथ जीतना।

कोई समाज या देश बहुत पढ़ा लिखा, पैसे वाला, जान माल सम्पन्न हो सकता है, पर, अगर वह समाज इक्ट्ठा नहीं है तो सुरक्षित नहीं है। और उसकी सम्पन्नता, पैसा, समृद्धि को कोई भी आकर लूट सकता है। इसलिए संघ में ही सुरक्षा है।

जंगल में जानवर पढ़े-लिखे नहीं हैं, घर-बार, पैसा कारोबार नहीं है, पर सुरक्षित हैं। जब तक झुण्ड में, संघ में रहते हैं। मधुमक्खी झुण्ड में रहती हैं, सुरक्षित हैं। शेर भी तब तक ही सुरक्षित है, जब तक झुण्ड में, संघ में है। अकेले शेर को गीदड भी मार देते हैं। समुद्र में मछली भी झुण्ड - संघ में रहती हैं, जो झुण्ड में है वो ताकतवर है। चाहे पढ़ा लिखा या अनपढ है, चाहे गरीब है या मालदार, चाहे नेता है या आम

आदमी, चाहे बुद्धिष्ट है या और किसी मत का है, चाहे संविधान को मानता है या असंविधान को।

चोर भी झुण्ड में चलते हैं, डाकू भी झुण्ड में आते हैं। सेना भी झुण्ड में चलती है, बुद्ध भी झुण्ड में चलते थे। संघ ही झुण्ड है। जो संघ में रहेगा उसके बच्चों को कोई भी खत्म नहीं कर सकता, यह प्राकृतिक नियम है। संघ का नियम प्रकृति ने बनाया है।

(२०)

क्या जातिवाद का अंत अंतरजातीय विवाह से भी संभव?

विश्वरत्न बाबा साहब डॉक्टर भीमराव अम्बेडकर की किताब Annihilation of Caste के रिफरेंस में यह कहा जाता है कि जाति मिटाने का सबसे बड़ा उपाय है अंतर्जातीय विवाह करना। यह सुनने में बहुत अच्छा उपाय लगता है लेकिन प्रैक्टिकल में यह उतना प्रभावी नहीं है। क्योंकि जाति कोई लीगल स्ट्रक्चर नहीं है बल्कि यह एक स्टेट ऑफ माइंड है। बाबा साहब डॉक्टर अम्बेडकर ने अपनी दूसरी शादी एक ब्राह्मण महिला से की थी लेकिन उसके कुछ वर्षों के बाद उन्होंने बौद्ध धर्म स्वीकार किया। क्या उनके जीते जी उनके साथ जाति भेद मिट पाया?

तब से लेकर आज तक भारत में बहुत से लोगों ने अंतर्जातीय विवाह किये हैं। 2011 सेन्सस के मुताबिक भारत में कुल शादियों का 5.8% अंतर्जातीय विवाह हुए हैं। क्या उन जोड़ियों के लिए जाति भेद मिट पाया? बहुत से लोगों को तो इस विवाह के चलते जान गंवानी पड़ी। बहुत से लोगों को समाज से बहिष्कृत कर दिया गया। बहुत लोग तो विवाह के करीब पहुंचकर मुकर गये क्योंकि इतना रिस्क लेना नहीं चाहते थे।

ऐसा इसलिए है कि हिंदू धर्म में और इसके प्रभाव में आने की वजह से भारत के मुसलमान, क्रिश्चियन या सिख और ईसाई धर्मों में भी विवाह जाति की श्रेष्ठता को बनाये रखने का एक टूल है। हमारे समाज में तो विवाह सात जन्मों का बंधन माना जाता है। इसलिए सजातीय विवाह को श्रेष्ठ माना जाता है ताकि कथित नस्लीय शुद्धता बची रहे। फिर वो लोग कौन थे जिन्होंने अंतर्जातीय विवाह किये और सुखी हैं?

वह सामाजिक और आर्थिक रूप से सक्षम लोग थे। कुछ अपवादों को छोड़ दें तो लगभग बराबर की जातियों में यह शादियां हो जाती हैं। क्योंकि अंतर्जातीय विवाह तभी सफल है जब वर और वधू दोनों ही मजबूत हैं। उनके पास सोशल कैपिटल है और उनके समाज पर शहर का प्रभाव है। अगर दोनों गांव से आते हैं, तो उनके लिए बहुत ही मुश्किल है, लगभग असंभव सा टास्क है ये। क्योंकि गांवों में जाति व्यवस्था अपने मूल रूप में आज भी विद्यमान है। वहां पर बराबर की जातियों में भी यह विवाह होना असंभव है।

क्योंकि अंतर्जातीय विवाह होने का मतलब ही है कि प्रेम विवाह हो रहा है। और भारतीय समाज में सामान्यतया यह स्वीकार्य नहीं है। आज भी भारत में ज्यादातर शादियां अरेंज्ड मैरिज के रूप में ही होती हैं। प्रेम विवाह होते ही जाति, धन संपत्ति, दहेज इत्यादि का मामला परिवार के कंट्रोल से निकल जाता है और यह लोगों को स्वीकार नहीं होता। गांवों में तो गांव और समाज को ही स्वीकार नहीं होता। अगर परिवार राजी हो भी जाए तो गांव पूरे परिवार का बहिष्कार कर देता है।

क्योंकि हमारे यहां विवाह का सामान्य उद्देश्य ही है वंश को आगे बढ़ाना यानी अपनी जाति की शुद्धता को बचाए रखना। तब ऐसे में अंतर्जातीय विवाह कैसे होंगे? इसके लिए तो पहले विवाह के सिस्टम को बदलना होगा। अगर ज्यादा प्रेम विवाह होंगे तो शायद अंतर्जातीय विवाह ज्यादा होंगे।

यहां पर एक समस्या और है। अगर लड़का ऊंची जाति का हुआ और लड़की निचली जाति की, तो फिर शादी हो सकती है। लेकिन अगर लड़की ऊंची जाति की हुई और लड़का नीची जाति का, फिर यह शादी बहुत मुश्किल है।

यह कदम पूरा होगा तो अगला कदम कल्चर का आएगा। अगर दो जातियों के लड़का और लड़की तैयार हो गये और परिवार का मानना सामान्य हो गया तो फिर कल्चर को लेकर लड़ाई होगी। क्योंकि जातिगत कल्चर को लेकर लोगों के मन में बहुत पूर्वग्रह है। पूर्वग्रह तो क्षेत्र, भाषा, रंग इत्यादि को लेकर भी है लेकिन वो चीजें बातों तक सीमित रह सकती हैं और लोग एडजस्ट कर सकते हैं। लेकिन जाति तो सीधा

सोशल लैडर में ऊपर-नीचे का मसला है, इसमें लोगों को 'अपमान का घूंट' पीना पड़ेगा, लोग ऐसा ही समझते हैं।

अंतर्जातीय विवाह करने और विशेषकर जातिगत गैप को भरने के लिए लोगों को इन्सेन्टिव चाहिए। सरकारी योजनाओं में यह इन्सेन्टिव पैसे के रूप में है। अलग-अलग स्कीमों में लगभग ढाई लाख से लेकर पांच लाख रुपये तक केंद्र और राज्य सरकारों की तरफ से मिलता है। अगर कोई अंतर्जातीय विवाह करे तो। लेकिन क्या यह लोगों के बाकी 'नुकसान' की भरपाई करता है?

हां, यह भरपाई तब होती है जब वर वधू में से कोई एक पावरफुल पोस्ट पर है या बहुत ज्यादा पैसे कमा रहा है। अगर जाति के सिस्टम को देखें तो यह लॉजिकल कन्क्लूजन है। क्योंकि जाति है ही सोशल स्टेटस बनाये रखने के लिए। तो अगर जाति अलग हो रही है तो पोस्ट और पैसे से लोग इसकी भरपाई कर लेंगे। यहां पर आरक्षण की अहमियत समझ आती है। आरक्षण की वजह से एक रास्ता निकलता तो है, चाहे कम ही लोगों के लिए क्यों ना हो।

इस मामले का दूसरा पहलू यह है कि क्या जाति मिटाना संभव है? अगर लोग अंतर्जातीय विवाह करने लगे तो कितनी शादियां होंगी तब जाति मिटेगी? क्या जाति मिट पाएगी?

ऐसा संभव नहीं लगता। क्योंकि शादियां होंगी तो भी तो कपल की जाति बरकरार रहेगी। उनके बच्चों की जाति

बरकरार रहेगी। जिस कपल ने अंतर्जातीय विवाह किया है, उसकी भी कोई गारंटी नहीं कि बाकी जातियों के साथ वह जातिगत व्यवहार रखेंगे या नहीं। क्योंकि जाति तो सोशल सिस्टम में स्टेटस देती है, तो उनके ऊपर-नीचे जो जातियां होंगी, उनसे तुलना तो हो ही सकती है।

और अगर कोई विवाह ही ना करे तो क्या जाति मिटेगी? यह ज्यादा लॉजिकल है। विवाह नहीं होंगे और कम बच्चे पैदा होंगे तो फिर लोगों को अपने आप जरूरत पड़ेगी शादियों की। फिर अंतर्जातीय विवाह होने की संभावनायें बढ़ जाएंगी। क्योंकि तब समाज में स्वीकार्यता आ जाएगी। जब आपके पास ऑप्शन अवेलेबल हैं तो आपके पास जाति को लेकर तर्क हैं। लेकिन जब ऑप्शन नहीं होंगे तब आप मान लेंगे कि जाति कुछ नहीं होती है। वहां पर मानसिक बैरियर टूट सकता है।

हालांकि यह हाइपोथेटिकल है, पर इससे यह समझ में तो आता है कि मानसिक बैरियर तोड़ना ज्यादा जरूरी है। और यह सिर्फ शादी से नहीं टूटेगा। क्योंकि शादी कास्ट कॉन्शसनेस खत्म नहीं करती। कम से कम समाज की नजर में? मानसिक बैरियर तब टूटेगा जब एक पूरी पीढ़ी प्रेम और विवाह के मामले में अपने परिवार और समाज से आजाद हो जाएगी। जब कानून प्रेम और विवाह को लेकर सरल हो जाएगा। जब प्रेम और विवाह को जीवन में एक आवश्यक लेकिन सामान्य घटना की तरह लिया जाएगा। क्योंकि सोशल कॉन्शसनेस के बदलने की शुरुआत कोर्ट के फैसलों और

सरल कानूनों से ही होगी। अभी तो कानून एक तरीके से परिवार और समाज के ही पक्ष में हैं।

यह समझने की बात है कि जाति कभी खत्म नहीं होगी। कोई व्यक्ति जिस समुदाय, जिस कल्चर, जिस मेमोरी से आ रहा है, वह खत्म कैसे होगा? कोई अपनी पहचान क्यों खत्म करना चाहेगा? वह किसी ना किसी रूप में विद्यमान रहेगा ही। इससे ज्यादा जरूरी है कि हम जाति को स्वीकार करें। जो जिस जाति का है, वो है। उसे उसी रूप में स्वीकार करना ज्यादा प्रभावी होगा। जितनी ज्यादा स्वीकार्यता बढ़ेगी, जाति मन से हटने लगेगी, जो कि महत्वपूर्ण बदलाव है।

क्योंकि 'अब मुझे अंतर्जातीय विवाह करना है'- ऐसा कभी नहीं हो सकता। आप यह सोचकर विवाह करेंगे तो वह बहुत मुश्किल भी हो सकता है। क्योंकि विवाह तो बिल्कुल एक व्यक्ति की निजी चॉइस है कि वो किस व्यक्ति के साथ जीवन गुजारना चाहता है। इसमें अगर उसे फ्रीडम मिले तो फिर धीरे-धीरे लोग जाति को इग्नोर करना शुरू करेंगे और व्यक्ति पर ध्यान देंगे।

इसका एक उपाय यह भी है कि विवाह और तलाक को सामान्य बनाया जाए। हमारे समाज में विवाह और तलाक दोनों ही युगांतकारी घटनाएं समझी जाती हैं। विशेषकर अरेंज्ड मैरिज में तो विवाह और तलाक दोनों ही बहुत जटिल प्रोसेस हैं। इसकी जटिलता की वजह से भी लोग अपनी जाति समुदाय में विवाह करना पसंद करते हैं।

अगर यह प्रोसेस सिंपल हो जाए और आसानी से होने लगे तब लोग जीवन में अपनी मर्जी से शादियां कर सकेंगे। यह जितना फ्लुइड होगा, हमारे कन्जर्वेटिव नोशन उतने ज्यादा टूटते जाएंगे। फिर जाति मुद्दा ही नहीं रहेगी। बल्कि हम जीवन के अन्य इन्सेन्टिव जैसे कि सुखी जीवन, तरक्की, खुशियां, प्यार इत्यादि पर फोकस कर पाएंगे।

विश्वरत्न बाबा साहब डॉ. आंबेडकर का भी यही मानना था कि अंतरजातीय विवाह होने से हिन्दू समाज में व्याप्त जातिवाद के ज़हर को कुछ कम किया जा सकता है। परन्तु इसकी पहल अपने वर्ग अथवा वर्ण से ही करना आसान होगा। अर्थात अछूतों में व्याप्त अनेक जातियों के लोग ऊच नीच की भावना को त्यागकर पहले आपस में तो विवाह सम्बन्ध स्थापित करें।

इसी प्रकार सछूत वर्ग के शूद्र भी आपस में अंतरजातीय विवाह करके आपस में रोटी और बेटी का सम्बन्ध स्थापित करे और इसी प्रकार हिन्दू समाज के अन्य वर्ण अर्थात सवर्ण वर्ग भी अपनी उपजातियों को नज़र अंदाज़ करके आपस में विवाह सम्बन्ध स्थापित करे तो जातवाद के बंधन कुछ हद तक टूटन की कगार पर आ सकते हैं।

और जब यह वर्ण आपस की उपजातियों की बेड़ियाँ तोड़कर अंतरजातीय विवाहों को स्वीकार कैने लग जायेंगे, तो वह अगली कड़ी के रूप में अन्य वर्णों की जातियों के साथ अंतरजातीय विवाहों को भी स्वीकार करने की स्थिति में आ सकते हैं। इस प्रक्रिया में काफी समय लगेगा परन्तु यह संभव

है और इससे भारतीय समाज में व्याप्त जातिवाद के इस विषैले स्वरूप को सपाप्त किया जा सकता है।

कहने का मतलब यही है कि अंतर्जातीय विवाह तभी बढ़ेंगे जब हम विवाह और तलाक के बारे में साधारण सोच रखेंगे। इसे एक युग की शुरुआत और एक युग के अंत की तरह समझने के बजाय जीवन की एक सामान्य घटना के तौर पर लेंगे। तब यह भी होगा कि परिवार पेट काटकर बीस साल में बीस लाख रूपये इकट्ठा करने से बचेंगे अर्थात् दहेज की समस्या का निराकरण भी होगा। उन पैसों को घर में लगाने से प्रगति होगी, लोगों का जीवन स्तर सुधरेगा और सारी चीजें बदलेंगी। तो जरूरत है कि समाज को पहले विवाह और तलाक के बारे में जागरुक किया जाए। वरना सामाजिक लड़ाई अलग ही मोर्चे पर होती रहेगी जहां लड़ाई है ही नहीं।

(२१)

निष्कर्ष की ओर

हमने भारतीय समाज के संदर्भ में जातिवाद पर व्यापक रूप से चर्चा कर कई प्रश्नों के उत्तर निकालने की कोशिश की और इसकी जड़ तक पहुँचने का प्रयास किया।

फिर भी वर्तमान में भी जातिवाद का रूप कहीं कहीं दिखलाई दे ही जाता है, वह चाहे दलित की बरात निकालने पर

विवाद हो अथवा सवर्ण कूए से पानी भरने किया मामला हो अथवा दलितों की जमीन और रस्तों पर कब्जा करने के मामले हों।

इस जातिवाद राक्षस से मुक्ति पाने का केवल एक ही उपाय है की जैसे धारा 370 एक पल में हटा दी उसी प्रकार सरकार संसद में प्रस्ताव पास करवाए कि आज से कोई भी जातिसूचक शब्द नाम के आगे नहीं लगाएगा। भारतीय समाज और सरकार अंतरजातीय विवाहों को प्रोत्साहन दे।

इससे एक तरफ असमानता रूपी जातिसूचक नामों से छुटकारा मिल जाएगा, दूसरी तरफ सभी लोग बिना जातिसूचक पहचान के पाये जाएंगे, तब एक तरह से जातिवाद के अंत का प्रारम्भ हो सकेगा।

इसके साथ ही समाज को भी अपने भीतर जागरूकता लानी होगी, केवल सरकार के सहारे ही नहीं बैठा जा सकता हैं। जैसे जातिवाद शुरू किया गया था उसी प्रकार उच्च वर्गीय समाज को इसे समाप्त करने की दृढ़ इक्षाशक्ति दिखनी होगी तभी इससे मुक्ति पाई जा सकती है।

पी ए सोरोकिन ने अपनी पुस्तक 'सोशल मोबिलिटी' मे लिखा है, "मानव जाति के इतिहास मे बिना किसी स्तर विभाजन के, उसमें रहने वाले सदस्यो की समानता एक कल्पना मात्र है।" तथा सी एच फूले का कथन है "वर्ग विभेद वशानुगत होता है, तो उसे जाति कहते है"। इस विषय मे अनेक मत स्वीकार किए गए है। एक मत के अनुसार पारिवारीक व्यवसाय से जाति को उत्पन्न किया गया है। साम्प्रादायिक मत के अनुसार जब विभिन्न सम्प्रदाय संगठित होकर अपनी अलग जाति का निर्माण करते हैं, तो इसे जाति

प्रथा की उत्पत्ति कहते हैं। परम्परागत मत के अनुसार यह प्रथा ब्राह्मणों द्वारा विभिन्न कार्यों की दृष्टि से निर्मित की गई है।

मनु ने "मनु स्मृति" में समाज को चार श्रेणियों में विभाजित किया है, ब्राह्मण, क्षत्रिय, वेश्य और शुद्र। विकास सिद्धान्त के अनुसार सामाजिक विकास के कारण जाति प्रथा की उत्पत्ति हुई है। सभ्यता के लंबे और मन्द विकास के कारण जाति प्रथा मे कुछ दोष भी आते गए। इसका सबसे बड़ा दोष छुआछुत की भावना है। परन्तु शिक्षा के प्रसार से यह सामाजिक बुराई दूर होती जा रही है।

जाति प्रथा की कुछ विशेषताएँ भी हैं। श्रम विभाजन पर आधारित होने के कारण इससे श्रमिक वर्ग अपने कार्य मे निपुण होता गया क्योकि श्रम विभाजन का यह कम पीढियो तक चलता रहा था। इससे भविष्य चुनाव की समस्या और बेरोजगारी की समस्या भी दूर हो गए। तथापि जाति प्रथा मुख्यत: एक बुराई ही है। इसके कारण संकीर्णना की भावना का प्रसार होता है और सामाजिक, राष्ट्रीय एकता मे बाधा आती है जो कि राष्ट्रीय और आर्थिक प्रगति के लिए आवश्यक है। बड़े पेमाने के उद्योग श्रमिको के अभाव मे लाभ प्राप्त नही कर सकते।

जाति प्रथा में बेटा पिता के व्यवसाय को अपनाता है, इस व्यवस्था मे पेशे के परिवर्तन की संभावना बहुत कम हो जाती है। जाति प्रथा से उच्च श्रेणी के मनुष्यों में शारीरिक श्रम को निम्न समझने की भावना आ गई है। विशिष्टता की भावना उत्पन्न होने के कारण प्रगति कार्य धीमी गति से होता है। यह

खुशी की बात है कि इस व्यवस्था की जड़ें अब ढीली होती जा रही है। वर्षो से शोषित अनुसूचित जाति के लोगो के उत्थान के लिए सरकार उच्च स्तर पर कार्य कर रही है।

बाबा साहब डॉ. अम्बेडकर द्वारा निर्मित भारतीय संविधान द्वारा उनको विशेष अधिकार दिए जा रहे है। उन्हे सरकारी पदो और शैक्षणिक संस्थानो में प्रवेश प्राप्ति में प्राथमिकता और छूट दी जाती है। आज की पीढी का प्रमुख कर्त्तव्य जाति व्यवस्था को समाप्त करना है क्योकि इसके कारण समाज मे असमानता , एकाधिकार , विद्वेष आदि दोष उत्पन्न हो जाते है। वर्गहीन एवं गतिहीन समाज की रचना के लिए अन्तर्जातीय भोज और विवाह होने चाहिए। इससे भारत की उन्नति होगी और भारत ही समतावादी राष्ट्र के रूप मे उभर सकेगा।

वर्तमान भारतीय समाज जातीय सामाजिक इकाइयों से गठित और विभक्त है। श्रम विभाजनगत आनुवंशिक समूह भारतीय ग्राम की कृषि केंद्रित व्यवस्था की विशेषता रही है। यहाँ की सामाजिक व्यवस्था में श्रम विभाजन संबंधी विशेषीकरण जीवन के सभी अंगों में व्याप्त है और आर्थिक कार्यों का ताना बाना इन्हीं आनुवंशिक समूहों से बनता है। यह जातीय समूह एक ओर तो अपने आंतरिक संगठन से संचालित तथा नियमित है और दूसरी ओर उत्पादन सेवाओं के आदान प्रदान और वस्तुओं के विनिमय द्वारा परस्पर संबद्ध हैं। समान परंपरागत पेशा या पेशे, समान धार्मिक विश्वास, प्रतीक सामाजिक और धार्मिक प्रथाएँ एवं व्यवहार, खानपान के नियम, जातीय अनुशासन और

सजातीय विवाह इन जातीय समूहों की आंतरिक एकता को स्थिर तथा दृढ़ करते हैं। इसके अतिरिक्त पूरे समाज की दृष्टि में प्रत्येक जाति का सोपानवत् सामाजिक संगठन में एक विशिष्ट स्थान तथा मर्यादा है जो इस सर्वमान्य धार्मिक विश्वास से पुष्ट है कि प्रत्येक मनुष्य की जाति तथा जातिगत धंधे दैवी विधान से निर्दिष्ट हैं और व्यापक सृष्टि के अन्य नियमों की भाँति प्रकृत तथा अटल हैं।

एक गाँव में स्थित परिवारों का ऐसा समूह वास्तव में अपनी बड़ी जातीय इकाई का अंग होता है जिसका संगठन तथा क्रियात्मक संबंधों की दृष्टि से एक सीमित क्षेत्र होता है, जिसकी परिधि सामान्यत: 20-25 मील होती है। उस क्षेत्र में जातिविशेष की एक विशिष्ट आर्थिक तथा सामाजिक मर्यादा होती है जो उसके सदस्यों को, जो जन्मना होते हैं, परम्परा से प्राप्त होती है।

यह जातीय मर्यादा जीवन पर्यंत बनी रहती है और जातीय धंधा छोड़कर दूसरा धंधा अपनाने से तथा आमदनी के उतार चढ़ाव से उसपर कोई प्रभाव नहीं पड़ता। यह मर्यादा जातीय-पेशा, आर्थिक स्थिति, धार्मिक संस्कार, सांस्कृतिक परिष्कार और राजनीतिक सत्ता से निर्धारित होती है और निर्धारकों में परिवर्तन आने से इसमें परिवर्तन भी संभव है। किंतु एक जाति स्वयं अनेक उपजातियों तथा समूहों में विभक्त रहती है।

इस विभाजन का आधार बहुधा एक ही पेशे के अंदर विशेषीकरण के भेद प्रभेद होते हैं। किंतु भौगोलिक स्थानांतरण

ने भी एक ही परंपरागत धंधा करनेवाली एकाधिक जातियों को साथ साथ रहने का अवसर दिया है। कभी कभी जब किसी जाति का एक अंग अपने परंपरागत पेशे के स्थान पर दूसरा पेशा अपना लेता है तो कालक्रम में वह एक पृथक् जाति बन जाता है। उच्च हिंदू जातियों में गोत्रीय विभाजन भी विद्यमान हैं।

गोत्रों की उपायोगिता मात्र इतनी ही है कि वे किसी जाति के बहिविवाही समूह बनाते हैं। और एक गोत्र के व्यक्ति एक ही पूर्वज के वंशज समझे जाते हैं। यह उपजातियाँ भी अपने में स्वतंत्र तथा पृथक् अंतविवाही इकाइयाँ होती हैं और कभी कभी तो बृहत्तर जाति से उनका संबंध नाम मात्र का होता है। इन उपजातियों में भी ऊँच-नीच का एक मर्यादाक्रम रहता है। उपजातियाँ भी अनेक शाखाओं में विभक्त रहती है और इनमें भी उच्चता तथा निम्नता का एक क्रम होता है जो विशेष रूप से विवाह संबंधों में व्यक्त होता है।

जैसा कि पहले भी बताया जा चुका है कि भारतीय समाज में व्याप्त इस विषेली जातिप्रथा का अंत प्रथम सवर्णीय जातियों के अन्दर व्याप्त उपजातियों के बंधन को तोड़कर हम अन्तर्जातीय विवाहों को प्रोत्साहित करें। जैसा कि विश्व रत्न बाबा साहब डॉ. भीमराव अम्बेडकर ने कहा था कि अंतरजातीय विवाहों के माध्यम से भारतीय समाज में व्याप्त जातिवाद को समाप्त किया जा सकता है। सवर्णीय जातियों के अन्दर व्याप्त उपजातियों के बंधन को तोड़कर हम अन्तर्जातीय विवाहों को स्वीकार कर सके तो अगली कड़ी के रूप में हम अन्य वर्णों के मध्य अंतरजातीय विवाहों को माध्यम

बनाकर भारतीय समाज के इस जातिवाद को जड़ से समाप्त भी कर सकते हैं।

इसके पूर्व सरकार संसद में विधेयाक लाकर जातिसूचक उपनामों पर कड़ाई से रोक लगाकर इस भेद को समाप्त कर सकती है। जब भारतीय समाज अपने नामों के पूर्व और अंत में जातिसूचक उपनामों को लगाना बंद कर देगा तो इस जातिवाद का प्रसार भी कुछ हद तक कम हो जाएगा।

तो आइये आज से ही हम सभी भारतवासी यह प्रण लें कि हम अपने अपने नामों के आगे तथा पीछे जातीय पर्दर्शन करते उपनामों का त्याग कर देंगे और अपनी पहचान सिर्फ एक भारतीय केर रूप में ही करेंगे और जातिवाद की समाप्ति में अपना भरपूर योगदान देंगे। उसके बाद बिना किसी जातिगत भेदभाव के हम विवाहों को भी प्रोत्साहित करेंगे तभी जातिवाद का अंत हो सकता है। यह कुछ कठिन अवश्य प्रतीत होता है परन्तु दृढ़ इच्छा शक्ति के बल पर हम इस असंभव कार्य को भी कर सकते हैं।

अन्तर्राष्ट्रीय साहित्यकार का परिचय

नाम:	देवेन्द्र कुमार प्रभाकर
पिता का नाम:	स्व० बसुदेव सिंह
जन्म तिथि :	7 नवम्बर 1955
जन्म स्थान :	जमालपुर माफी, अलीगढ़
शैक्षिक योगिता:	डिप्लोमा इन सिविल इंजीनीयरिंग
	बैचलर आफ सिविल इंजीनीयरिंग

उच्च शिक्षा संस्थान: अलीगढ़ मुस्लिम यूनिवेर्सिटी

पत्नी का नाम: श्रीमती पूनम प्रभाकर

वर्तमान निवास: ४/१०५१, विकास नगर, सेक्टर-४, लखनऊ

प्रोफेशनल कार्य बिवरण:

- एक गरीब दलित जाटव, मजदूर (राजगीर) परिवार में जन्म के बाद उच्च शिक्षा लेकर निम्न महत्वपूर्ण कार्य, समाज सेवा व सहित्य सृजन किए
- भारत सरकार के कलकत्ता स्थित प्रथम भूमोगत मेट्रो रेल प्रोजेक्ट के मैदान स्टेशन के निर्माण में महत्वपूर्ण

भूमिका तत्पश्चात दुर्गापुर (प॰ब॰) थर्मल पावर स्टेशन व ललितुर (उ॰प्र॰) बांध परियोजना का निर्माण

* विशाखापटनम स्टील प्लांट निर्माण के बाद
* 1984 से भारतीय अंतरिक्ष विभाग के PSLV प्रोजेक्ट त्रिवेंद्रम व लखनऊ (उ॰प्र॰) के ईटीवी स्टुडेओ, इस्ट्रेक ग्राउंड स्टेशन तथा रेमोट सेन्सिंग एप्लिकेशन सेंटर का निर्माण
* कटक (उढ़ीसा) स्थित नेताजी सुभास चंद बॉस जन्म स्थान का पुनुरुद्धन व म्यूजियम बनाने का सम्पूर्ण कार्य।
* प्रभाकर उद्योग प्रा॰ लिमि॰ के चेयरमेन व प्रबंध निदेशक रहते अनेक निर्माण

सामाजिक कार्य:-

* डा॰ अंबेडकर राष्ट्रीय एकता परिषद में प्रदेश अध्यक्ष का कार्य
* सर्व समाज हितकारी महासभा में सभापति का दायित्व
* अंबेडकर एकेडमी में सभापति का दायित्व
* सिद्धार्थ सहकारी श्रम संविदा समिति अलीगढ़ में सभापति का दायित्व
* सिद्धार्थ सहकारी आवास समिति लखनऊ में सचिव का दायित्व
* उ॰प्र॰ श्रम एवं निर्माण सहकरी संघ लखनऊ में निदेशक का दायित्व

साहित्य सृजन:

- "भीम वेदना" हिन्दी साप्ताहिक लखनऊ के प्रधान संपादक १९९५ से २००५ तक
- "सामाजिक न्याय का प्रथम सोपान "आरक्षण" पुस्तक के रचनाकार (ISBN no 978-1649512796)
- "शोषित के भगवान डा॰ बी॰ आर॰ अंबेडकर" का गद्य/ पद्य पुस्तक के रचनाकार (ISBN no 978-1649513199)
- "कृष्ण अनुषंधान अथवा भगवान से साक्षात्कार" का गद्य/ पद्य पुस्तक के रचनाकार (ISBN no 978-1649519060)
- "प्रभा प्रभाकर तरुणाई" कविता रूप पुस्तक के रचनाकार (ISBN no 978-1649832993)
- "बुद्ध शरण की राह में" का गद्य/ पद्य पुस्तक के रचनाकार (ISBN no 978-1649834188)
- "डा॰ बी॰ आर॰ अंबेडकर और भारत का संविधान" पुस्तक के रचनाकार (ISBN no 978-1636061610)
- "भारतीय समाज और जातिवाद" पुस्तक के रचनाकार (ISBN no 978-1636065595)
- "ब्रहामणवाद" पुस्तक के रचनाकार (ISBN no 978-1636330235)
- "कोरोना वाइरस और भारतीय समाज" पुस्तक के रचनाकार (ISBN no 978-1636334325)
- भय, भूख और भ्रृष्टाचार" पुस्तक के रचनाकार (ISBN no 978-1637450130)
- "हिन्दू कोड बिल" पुस्तक के रचनाकार (ISBN no 978-1637450017)

- जातिवाद पर करें प्रहार, शिक्षा, स्वस्थ्य और संस्कार" पुस्तक के रचनाकार (ISBN no 978-1637149607)
- "शूद्रों का राष्ट्र निर्माण में योगदान" पुस्तक के रचनाकार (ISBN no 978-1637813492)
- "शिक्षा संघ संघर्ष प्रबीण" पुस्तक के रचनाकार(ISBN no 978-1638503903)
- "पूंजीवाद" पुस्तक के रचनाकार (ISBN no 978-1637813485)
- "राष्ट्रीय लोकतान्त्रिक समाजवाद" पुस्तक के रचनाकार (ISBN no 978-1638378855)
- "लोकतन्त्र के तानाशाह" पुस्तक के रचनाकार (ISBN no 978-1638503910)
- "भारतीय किसान और ग्रामीण विकास" पुस्तक के रचनाकार (ISBN no 978-1638738435)
- "अंबेडकर दर्शन" पुस्तक के रचनाकार (ISBN no 978-1639402991)
- "आदि मानव, उद्भव और विस्तार" पुस्तक के रचनाकार (ISBN no 978- 1639405978)
- "बचपन एक भगवान का" पुस्तक के रचनाकार (ISBN no 978 - 1685094300)
- "परियोजना प्रबंधन" नामक तकनीकी पुस्तक के रचनाकार (ISBN no 978 - 1684875832)
- "भवन निर्माण" नामक तकनीकी पुस्तक के रचनाकार। (ISBN no 978 - 16875016)
- "निर्माण श्रमिक" नामक तथ्यपूर्ण पुस्तक के रचनाकार (ISBN no 978 - 1684878473)

- "निर्माण आंकलन" नमक तक्लनीकी पुस्तक के रचनाकार (ISBN no 978 - 1684878871)
- "शोषित का संकल्प" पुस्तक के रचनाकार (ISBN no 978 - 1684879168)
- "आत्मनिर्भर" पुस्तक के रचनाकार (ISBN no 978 - 1684944736)
- "शक्ति स्वरूपा" पुस्तक के रचनाकार (ISBN no 978 - 1684949571)
- "बहुजन शक्ति स्वरूपा" पुस्तक के रचनाकार (ISBN no 979 - 8885034357)
- "डॉ॰ अंबेडकर और उनका धम्म" पुस्तक के रचनाकार (ISBN no 979 - 8885039338)
- "धर्म और उसका व्यापार" नामक पुस्तक के रचनाकार (ISBN no 979 - 8885215572)
- "सत्ता की चाबी" ऐतिहासिक व राजनैतिक पुस्तक के रचनाकार (ISBN no 979 - 8885300018)
- "चौकीदार" नामक खोजपूर्ण पुस्तक के रचनाकार (ISBN no 979 – 8885305570)
- " प्रभा प्रभाकर जीवन तरंग" कविता रूप पुस्तक के रचनाकार (ISBN no 979 – 8885306683)
- "योग, योगी और राजनीति" नामक पुस्तक के रचनाकार (ISBN no 979 – 8885308687)
- "कन्यादान" नामक पुस्तक के रचनाकार (ISBN no 979 – 8885461719)
- "कलयुग के कर्णधार" नामक पुस्तक के रचनाकार (ISBN no 979 – 8885464871)

- "पूना पैक्ट अर्थात राजनैतिक गुलामी का दस्तावेज़" नामक पुस्तक के रचनाकार (ISBN no 979 – 8885466264)
- "माटी का अध्यात्म और माया" नामक पुस्तक के रचनाकार (ISBN no 979 – 8885467902)
- "दलित स्वतन्त्रता का इतिहास" नामक पुस्तक के रचनाकार (ISBN no 979 – 8885551267)
- "राजनैतिक भृष्टाचार" नामक पुस्तक के रचनाकार (ISBN no 979 – 8885912297)
- "भीम चरित मानस भीमायाण" नामक खंड काव्य के रचनाकार (ISBN no 979 – 8886673432)
- "कांसीराम चरित मानस कांसीरामायाण" नामक खंड काव्य के रचनाकार (ISBN no 979 – 8887495811)
- "श्रीकृष्ण, बुद्ध और डॉ. अम्बेडकर का 'वसुधैव कुटुम्बकम' नामक पुस्तक के रचनाकार (ISBN no 979 – 8887724317)
- "फर्श से अर्श तक" नामक उपन्यास के रचनाकार (ISBN no 979 – 8887836676)
- "एक योगी की भागीरथी यात्रा" नामक उपन्यास के रचनाकार (ISBN no 979 – 8888571147)
- "पानी के रंग" नामक उपन्यास के रचनाकार (ISBN no 979 – 88880497029)
- "जल तरंग" नामक उपन्यास के रचनाकार (ISBN no 979 – 8889091455)
- "नई उमंग" नामक उपन्यास के रचनाकार (ISBN no 979 – 8889510611)

- "रंग महल की जंग" नामक उपन्यास के रचनाकार (ISBN no 979 – 888800086)
- "संविधान के रंग" नामक उपन्यास के रचनाकार (ISBN no 979 – 8890022905)
- "आरक्षण की ज़ंग" नामक उपन्यास के रचनाकार
- "दहेज़ लीला" नामक उपन्यास के रचनाकार
- अंधविश्वास से ज़ंग" नामक पुस्तक के रचनाकार
- "महामानव की भागीरथी यात्रा का अंत" नामक पुस्तक के रचनाकार
- "बहुजन खड़ा बाज़ार में" नामक पुस्तक के रचनाकार "
- दो कोड़ी के लोग" नामक उपन्यास के रचनाकार
- "बुद्ध धम्म ही शुद्ध सनातन" नामक पुस्तक के रचनाकार
- "अम्बेडकरवाद वनाम ईश्वरवाद" नामक पुस्तक के रचनाकार
- "गुलाम्पंथी" नामक पुस्तक के रचनाकार
- "समण विरोधी, हिन्दू राष्ट्र की कल्पना" (अंतरराष्ट्रीय ISBN नं° 979-8893634419) नामक पुस्तक के रचनाकार
- "समणों का इतिहास और उनका संघर्ष" (अंतरराष्ट्रीय ISBN नं° 979-8894159270) नामक पुस्तक के रचनाकार

9 781636 065595